KIRGHIZE
VOCABULAIRE
POUR L'AUTOFORMATION

FRANÇAIS
KIRGHIZE

Les mots les plus utiles
Pour enrichir votre vocabulaire et aiguiser
vos compétences linguistiques

5000 mots

Vocabulaire Français-Kirghize pour l'autoformation - 5000 mots
Par Andrey Taranov

Les dictionnaires T&P Books ont pour but de vous aider à apprendre, à mémoriser et à réviser votre vocabulaire en langue étrangère. Ce dictionnaire thématique couvre tous les grands domaines du quotidien: l'économie, les sciences, la culture, etc ...

Acquérir du vocabulaire avec les dictionnaires thématiques T&P Books vous offre les avantages suivants:

- Les données d'origine sont regroupées de manière cohérente, ce qui vous permet une mémorisation lexicale optimale
- La présentation conjointe de mots ayant la même racine vous permet de mémoriser des groupes sémantiques entiers (plutôt que des mots isolés)
- Les sous-groupes sémantiques vous permettent d'associer les mots entre eux de manière logique, ce qui facilite votre consolidation du vocabulaire
- Votre maîtrise de la langue peut être évaluée en fonction du nombre de mots acquis

Copyright © 2018 T&P Books Publishing

Tous droits réservés. Sans permission écrite préalable des éditeurs, toute reproduction ou exploitation partielle ou intégrale de cet ouvrage est interdite, sous quelque forme et par quelque procédé (électronique ou mécanique) que ce soit, y compris la photocopie, l'enregistrement ou le recours à un système de stockage et de récupération des données.

T&P Books Publishing
www.tpbooks.com

ISBN: 978-1-78767-064-8

Ce livre existe également en format électronique.
Pour plus d'informations, veuillez consulter notre site: www.tpbooks.com ou rendez-vous sur ceux des grandes librairies en ligne.

VOCABULAIRE KIRGHIZE POUR L'AUTOFORMATION
Dictionnaire thématique

Les dictionnaires T&P Books ont pour but de vous aider à apprendre, à mémoriser et à réviser votre vocabulaire en langue étrangère. Ce lexique présente, de façon thématique, plus de 5000 mots les plus fréquents de la langue.

- Ce livre comporte les mots les plus couramment utilisés
- Son usage est recommandé en complément de l'étude de toute autre méthode de langue
- Il répond à la fois aux besoins des débutants et à ceux des étudiants en langues étrangères de niveau avancé
- Il est idéal pour un usage quotidien, des séances de révision ponctuelles et des tests d'auto-évaluation
- Il vous permet de tester votre niveau de vocabulaire

Spécificités de ce dictionnaire thématique:

- Les mots sont présentés de manière sémantique, et non alphabétique
- Ils sont répartis en trois colonnes pour faciliter la révision et l'auto-évaluation
- Les groupes sémantiques sont divisés en sous-groupes pour favoriser l'apprentissage
- Ce lexique donne une transcription simple et pratique de chaque mot en langue étrangère

Ce dictionnaire comporte 155 thèmes, dont:

les notions fondamentales, les nombres, les couleurs, les mois et les saisons, les unités de mesure, les vêtements et les accessoires, les aliments et la nutrition, le restaurant, la famille et les liens de parenté, le caractère et la personnalité, les sentiments et les émotions, les maladies, la ville et la cité, le tourisme, le shopping, l'argent, la maison, le foyer, le bureau, la vie de bureau, l'import-export, le marketing, la recherche d'emploi, les sports, l'éducation, l'informatique, l'Internet, les outils, la nature, les différents pays du monde, les nationalités, et bien d'autres encore ...

TABLE DES MATIÈRES

Guide de prononciation	9
Abréviations	10

CONCEPTS DE BASE 11
Concepts de base. Partie 1 11

1. Les pronoms 11
2. Adresser des vœux. Se dire bonjour. Se dire au revoir 11
3. Comment s'adresser à quelqu'un 12
4. Les nombres cardinaux. Partie 1 12
5. Les nombres cardinaux. Partie 2 13
6. Les nombres ordinaux 14
7. Les nombres. Fractions 14
8. Les nombres. Opérations mathématiques 14
9. Les nombres. Divers 14
10. Les verbes les plus importants. Partie 1 15
11. Les verbes les plus importants. Partie 2 16
12. Les verbes les plus importants. Partie 3 17
13. Les verbes les plus importants. Partie 4 18
14. Les couleurs 18
15. Les questions 19
16. Les prépositions 20
17. Les mots-outils. Les adverbes. Partie 1 20
18. Les mots-outils. Les adverbes. Partie 2 22

Concepts de base. Partie 2 24

19. Les jours de la semaine 24
20. Les heures. Le jour et la nuit 24
21. Les mois. Les saisons 25
22. Les unités de mesure 27
23. Les récipients 28

L'HOMME 29
L'homme. Le corps humain 29

24. La tête 29
25. Le corps humain 30

Les vêtements & les accessoires 31

26. Les vêtements d'extérieur 31
27. Men's & women's clothing 31

28. Les sous-vêtements	32
29. Les chapeaux	32
30. Les chaussures	32
31. Les accessoires personnels	33
32. Les vêtements. Divers	33
33. L'hygiène corporelle. Les cosmétiques	34
34. Les montres. Les horloges	35

Les aliments. L'alimentation 36

35. Les aliments	36
36. Les boissons	37
37. Les légumes	38
38. Les fruits. Les noix	39
39. Le pain. Les confiseries	40
40. Les plats cuisinés	40
41. Les épices	41
42. Les repas	42
43. Le dressage de la table	43
44. Le restaurant	43

La famille. Les parents. Les amis 44

45. Les données personnelles. Les formulaires	44
46. La famille. Les liens de parenté	44

La médecine 46

47. Les maladies	46
48. Les symptômes. Le traitement. Partie 1	47
49. Les symptômes. Le traitement. Partie 2	48
50. Les symptômes. Le traitement. Partie 3	49
51. Les médecins	50
52. Les médicaments. Les accessoires	50

L'HABITAT HUMAIN 52
La ville 52

53. La ville. La vie urbaine	52
54. Les institutions urbaines	53
55. Les enseignes. Les panneaux	54
56. Les transports en commun	55
57. Le tourisme	56
58. Le shopping	57
59. L'argent	58
60. La poste. Les services postaux	59

Le logement. La maison. Le foyer 60

61. La maison. L'électricité	60

62. La villa et le manoir	60
63. L'appartement	60
64. Les meubles. L'intérieur	61
65. La literie	62
66. La cuisine	62
67. La salle de bains	63
68. Les appareils électroménagers	64

LES ACTIVITÉS HUMAINS	**65**
Le travail. Les affaires. Partie 1	**65**
69. Le bureau. La vie de bureau	65
70. Les processus d'affaires. Partie 1	66
71. Les processus d'affaires. Partie 2	67
72. L'usine. La production	68
73. Le contrat. L'accord	69
74. L'importation. L'exportation	70
75. La finance	70
76. La commercialisation. Le marketing	71
77. La publicité	72
78. Les opérations bancaires	72
79. Le téléphone. La conversation téléphonique	73
80. Le téléphone portable	74
81. La papeterie	74
82. Les types d'activités économiques	74

Le travail. Les affaires. Partie 2	**77**
83. Les foires et les salons	77
84. La recherche scientifique et les chercheurs	78

Les professions. Les métiers	**80**
85. La recherche d'emploi. Le licenciement	80
86. Les hommes d'affaires	80
87. Les métiers des services	81
88. Les professions militaires et leurs grades	82
89. Les fonctionnaires. Les prêtres	83
90. Les professions agricoles	83
91. Les professions artistiques	84
92. Les différents métiers	84
93. Les occupations. Le statut social	86

L'éducation	**87**
94. L'éducation	87
95. L'enseignement supérieur	88
96. Les disciplines scientifiques	89
97. Le système d'écriture et l'orthographe	89
98. Les langues étrangères	90

Les loisirs. Les voyages	92
99. Les voyages. Les excursions	92
100. L'hôtel	92

LE MATÉRIEL TECHNIQUE. LES TRANSPORTS	94
Le matériel technique	94
101. L'informatique	94
102. L'Internet. Le courrier électronique	95
103. L'électricité	96
104. Les outils	96

Les transports	99
105. L'avion	99
106. Le train	100
107. Le bateau	101
108. L'aéroport	102

Les grands événements de la vie	104
109. Les fêtes et les événements	104
110. L'enterrement. Le deuil	105
111. La guerre. Les soldats	105
112. La guerre. Partie 1	107
113. La guerre. Partie 2	108
114. Les armes	110
115. Les hommes préhistoriques	111
116. Le Moyen Âge	112
117. Les dirigeants. Les responsables. Les autorités	113
118. Les crimes. Les criminels. Partie 1	114
119. Les crimes. Les criminels. Partie 2	115
120. La police. La justice. Partie 1	116
121. La police. La justice. Partie 2	117

LA NATURE	119
La Terre. Partie 1	119
122. L'espace cosmique	119
123. La Terre	120
124. Les quatre parties du monde	121
125. Les océans et les mers	121
126. Les noms des mers et des océans	122
127. Les montagnes	123
128. Les noms des chaînes de montagne	124
129. Les fleuves	124
130. Les noms des fleuves	125
131. La forêt	125
132. Les ressources naturelles	126

La Terre. Partie 2 — 128

133. Le temps — 128
134. Les intempéries. Les catastrophes naturelles — 129

La faune — 130

135. Les mammifères. Les prédateurs — 130
136. Les animaux sauvages — 130
137. Les animaux domestiques — 131
138. Les oiseaux — 132
139. Les poissons. Les animaux marins — 134
140. Les amphibiens. Les reptiles — 134
141. Les insectes — 135

La flore — 136

142. Les arbres — 136
143. Les arbustes — 136
144. Les fruits. Les baies — 137
145. Les fleurs. Les plantes — 138
146. Les céréales — 139

LES PAYS DU MONDE. LES NATIONALITÉS — 140

147. L'Europe de l'Ouest — 140
148. L'Europe Centrale et l'Europe de l'Est — 140
149. Les pays de l'ex-U.R.S.S. — 141
150. L'Asie — 141
151. L'Amérique du Nord — 142
152. L'Amérique Centrale et l'Amérique du Sud — 142
153. L'Afrique — 143
154. L'Australie et Océanie — 143
155. Les grandes villes — 143

GUIDE DE PRONONCIATION

Alphabet phonétique T&P	Exemple en kirghize	Exemple en français
[a]	манжа [mandʒa]	classe
[e]	келечек [keletʃek]	équipe
[i]	жигит [dʒigit]	stylo
[ı]	кубаныч [kubanıtʃ]	le "i dur"
[o]	мактоо [maktoo]	normal
[u]	узундук [uzunduk]	boulevard
[ʉ]	алюминий [alʉminij]	voyou
[y]	түнкү [tynky]	Portugal
[b]	ашкабак [aʃkabak]	bureau
[d]	адам [adam]	document
[dʒ]	жыгач [dʒıgatʃ]	adjoint
[f]	флейта [flejta]	formule
[g]	тегерек [tegerek]	gris
[j]	бөйрөк [børøk]	maillot
[k]	карапа [karapa]	bocal
[l]	алтын [altın]	vélo
[m]	бешмант [beʃmant]	minéral
[n]	найза [najza]	ananas
[ŋ]	булуң [buluŋ]	parking
[p]	пайдубал [pajdubal]	panama
[r]	рахмат [raxmat]	racine, rouge
[s]	сагызган [sagızgan]	syndicat
[ʃ]	бурулуш [buruluʃ]	chariot
[t]	түтүн [tytyn]	tennis
[x]	пахтадан [paxtadan]	ha! hop!
[ts]	шприц [ʃprits]	gratte-ciel
[tʃ]	биринчи [birintʃi]	match
[v]	квартал [kvartal]	rivière
[z]	казуу [kazuu]	gazeuse
[ʲ]	руль, актёр [rulʲ, aktʲor]	signe de palatalisation
[ʰ]	объектив [obʰjektiv]	signe dur

ABRÉVIATIONS
employées dans ce livre

Abréviations en français

adj	-	adjective
adv	-	adverbe
anim.	-	animé
conj	-	conjonction
dénombr.	-	dénombrable
etc.	-	et cetera
f	-	nom féminin
f pl	-	féminin pluriel
fam.	-	familiar
fem.	-	féminin
form.	-	formal
inanim.	-	inanimé
indénombr.	-	indénombrable
m	-	nom masculin
m pl	-	masculin pluriel
m, f	-	masculin, féminin
masc.	-	masculin
math	-	mathematics
mil.	-	militaire
pl	-	pluriel
prep	-	préposition
pron	-	pronom
qch	-	quelque chose
qn	-	quelqu'un
sing.	-	singulier
v aux	-	verbe auxiliaire
v imp	-	verbe impersonnel
vi	-	verbe intransitif
vi, vt	-	verbe intransitif, transitif
vp	-	verbe pronominal
vt	-	verbe transitif

CONCEPTS DE BASE

Concepts de base. Partie 1

1. Les pronoms

je	мен, мага	men, maga
tu	сен	sen
il, elle, ça	ал	al
ils, elles	алар	alar

2. Adresser des vœux. Se dire bonjour. Se dire au revoir

Bonjour! (fam.)	Салам!	salam!
Bonjour! (form.)	Саламатсызбы!	salamatsızbı!
Bonjour! (le matin)	Кутман таңыңыз менен!	kutman taŋıŋız menen!
Bonjour! (après-midi)	Кутман күнүңүз менен!	kutman kynyŋyz menen!
Bonsoir!	Кутман кечиңиз менен!	kutman ketʃiŋiz menen!
dire bonjour	учурашуу	utʃuraʃuu
Salut!	Кандай!	kandaj!
salut (m)	салам	salam
saluer (vt)	саламдашуу	salamdaʃuu
Comment ça va?	Иштериң кандай?	iʃteriŋ kandaj?
Comment allez-vous?	Иштериңиз кандай?	iʃteriŋiz kandaj?
Comment ça va?	Иштер кандай?	iʃter kandaj?
Quoi de neuf?	Эмне жаңылык?	emne dʒaŋılık?
Au revoir!	Көрүшкөнчө!	køryʃkøntʃø!
À bientôt!	Эмки жолукканга чейин!	emki dʒolukkanga tʃejin!
Adieu! (fam.)	Кош бол!	koʃ bol!
Adieu! (form.)	Кош болуңуз!	koʃ boluŋuz!
dire au revoir	коштошуу	koʃtoʃuu
Salut! (À bientôt!)	Жакшы кал!	dʒakʃı kal!
Merci!	Рахмат!	raχmat!
Merci beaucoup!	Чоң рахмат!	tʃoŋ raχmat!
Je vous en prie	Эч нерсе эмес	etʃ nerse emes
Il n'y a pas de quoi	Алкышка арзыбайт	alkıʃka arzıbajt
Pas de quoi	Эчтеке эмес.	etʃteke emes
Excuse-moi!	Кечир!	ketʃir!
Excusez-moi!	Кечирип коюңузчу!	ketʃirip kojʉŋuztʃu!
excuser (vt)	кечирүү	ketʃiryy
s'excuser (vp)	кечирим суроо	ketʃirim suroo
Mes excuses	Кечирим сурайм.	ketʃirim surajm

Pardonnez-moi!	Кечиресиз!	ketʃiresiz!
pardonner (vt)	кечирүү	ketʃiryy
C'est pas grave	Эч капачылык жок.	etʃ kapatʃılık dʒok
s'il vous plaît	суранам	suranam

N'oubliez pas!	Унутуп калбаңыз!	unutup kalbaŋız!
Bien sûr!	Албетте!	albette!
Bien sûr que non!	Албетте жок!	albette dʒok!
D'accord!	Макул!	makul!
Ça suffit!	Жетишет!	dʒetiʃet!

3. Comment s'adresser à quelqu'un

Excusez-moi!	Кечиресиз!	ketʃiresiz!
monsieur	мырза	mırza
madame	айым	ajım
madame (mademoiselle)	чоң кыз	tʃoŋ kız
jeune homme	чоң жигит	tʃoŋ dʒigit
petit garçon	жаш бала	dʒaʃ bala
petite fille	кызым	kızım

4. Les nombres cardinaux. Partie 1

zéro	нөл	nøl
un	бир	bir
deux	эки	eki
trois	үч	ytʃ
quatre	төрт	tørt

cinq	беш	beʃ
six	алты	altı
sept	жети	dʒeti
huit	сегиз	segiz
neuf	тогуз	toguz

dix	он	on
onze	он бир	on bir
douze	он эки	on eki
treize	он үч	on ytʃ
quatorze	он төрт	on tørt

quinze	он беш	on beʃ
seize	он алты	on altı
dix-sept	он жети	on dʒeti
dix-huit	он сегиз	on segiz
dix-neuf	он тогуз	on toguz

vingt	жыйырма	dʒıjırma
vingt et un	жыйырма бир	dʒıjırma bir
vingt-deux	жыйырма эки	dʒıjırma eki
vingt-trois	жыйырма үч	dʒıjırma ytʃ
trente	отуз	otuz

trente et un	отуз бир	otuz bir
trente-deux	отуз эки	otuz eki
trente-trois	отуз үч	otuz ytʃ
quarante	кырк	kırk
quarante-deux	кырк эки	kırk eki
quarante-trois	кырк үч	kırk ytʃ
cinquante	элүү	elyy
cinquante et un	элүү бир	elyy bir
cinquante-deux	элүү эки	elyy eki
cinquante-trois	элүү үч	elyy ytʃ
soixante	алтымыш	altımıʃ
soixante et un	алтымыш бир	altımıʃ bir
soixante-deux	алтымыш эки	altımıʃ eki
soixante-trois	алтымыш үч	altımıʃ ytʃ
soixante-dix	жетимиш	dʒetimiʃ
soixante et onze	жетимиш бир	dʒetimiʃ bir
soixante-douze	жетимиш эки	dʒetimiʃ eki
soixante-treize	жетимиш үч	dʒetimiʃ ytʃ
quatre-vingts	сексен	seksen
quatre-vingt et un	сексен бир	seksen bir
quatre-vingt deux	сексен эки	seksen eki
quatre-vingt trois	сексен үч	seksen ytʃ
quatre-vingt-dix	токсон	tokson
quatre-vingt et onze	токсон бир	tokson bir
quatre-vingt-douze	токсон эки	tokson eki
quatre-vingt-treize	токсон үч	tokson ytʃ

5. Les nombres cardinaux. Partie 2

cent	бир жүз	bir dʒyz
deux cents	эки жүз	eki dʒyz
trois cents	үч жүз	ytʃ dʒyz
quatre cents	төрт жүз	tørt dʒyz
cinq cents	беш жүз	beʃ dʒyz
six cents	алты жүз	altı dʒyz
sept cents	жети жүз	dʒeti dʒyz
huit cents	сегиз жүз	segiz dʒyz
neuf cents	тогуз жүз	toguz dʒyz
mille	бир миң	bir miŋ
deux mille	эки миң	eki miŋ
trois mille	үч миң	ytʃ miŋ
dix mille	он миң	on miŋ
cent mille	жүз миң	dʒyz miŋ
million (m)	миллион	million
milliard (m)	миллиард	milliard

6. Les nombres ordinaux

premier (adj)	биринчи	birintʃi
deuxième (adj)	экинчи	ekintʃi
troisième (adj)	үчүнчү	ytʃyntʃy
quatrième (adj)	төртүнчү	tørtyntʃy
cinquième (adj)	бешинчи	beʃintʃi
sixième (adj)	алтынчы	altıntʃı
septième (adj)	жетинчи	dʒetintʃi
huitième (adj)	сегизинчи	segizintʃi
neuvième (adj)	тогузунчу	toguzuntʃu
dixième (adj)	онунчу	onuntʃu

7. Les nombres. Fractions

fraction (f)	бөлчөк	bøltʃøk
un demi	экиден бир	ekiden bir
un tiers	үчтөн бир	ytʃtøn bir
un quart	төрттөн бир	tørttøn bir
un huitième	сегизден бир	segizden bir
un dixième	тогуздан бир	toguzdan bir
deux tiers	үчтөн эки	ytʃtøn eki
trois quarts	төрттөн үч	tørttøn ytʃ

8. Les nombres. Opérations mathématiques

soustraction (f)	кемитүү	kemityy
soustraire (vt)	кемитүү	kemityy
division (f)	бөлүү	bølyy
diviser (vt)	бөлүү	bølyy
addition (f)	кошуу	koʃuu
additionner (vt)	кошуу	koʃuu
ajouter (vt)	кошуу	koʃuu
multiplication (f)	көбөйтүү	købøjtyy
multiplier (vt)	көбөйтүү	købøjtyy

9. Les nombres. Divers

chiffre (m)	санарип	sanarip
nombre (m)	сан	san
adjectif (m) numéral	сан атооч	san atootʃ
moins (m)	кемитүү	kemityy
plus (m)	плюс	plʉs
formule (f)	формула	formula
calcul (m)	эсептөө	eseptøø
compter (vt)	саноо	sanoo

calculer (vt)	эсептөө	eseptøø
comparer (vt)	салыштыруу	salıʃtıruu
Combien?	Канча?	kantʃa?
somme (f)	жыйынтык	dʒıjıntık
résultat (m)	натыйжа	natıjdʒa
reste (m)	калдык	kaldık
quelques ...	бир нече	bir netʃe
peu de ...	биртике	bir az
peu de ... (dénombr.)	бир аз	bir az
peu de ... (indénombr.)	кичине	kitʃine
reste (m)	калганы	kalganı
un et demi	бир жарым	bir dʒarım
douzaine (f)	он эки даана	on eki daana
en deux (adv)	тең экиге	teŋ ekige
en parties égales	тең	teŋ
moitié (f)	жарым	dʒarım
fois (f)	бир жолу	bir dʒolu

10. Les verbes les plus importants. Partie 1

aider (vt)	жардам берүү	dʒardam beryy
aimer (qn)	сүйүү	syjyy
aller (à pied)	жөө басуу	dʒøø basuu
apercevoir (vt)	байкоо	bajkoo
appartenir à ...	таандык болуу	taandık boluu
appeler (au secours)	чакыруу	tʃakıruu
attendre (vt)	күтүү	kytyy
attraper (vt)	кармоо	karmoo
avertir (vt)	эскертүү	eskertyy
avoir (vt)	бар болуу	bar boluu
avoir confiance	ишенүү	iʃenyy
avoir faim	ачка болуу	atʃka boluu
avoir peur	жазкануу	dʒazkanuu
avoir soif	суусап калуу	suusap kaluu
cacher (vt)	жашыруу	dʒaʃıruu
casser (briser)	сындыруу	sındıruu
cesser (vt)	токтотуу	toktotuu
changer (vt)	өзгөртүү	øzgørtyy
chasser (animaux)	аңчылык кылуу	aŋtʃılık kıluu
chercher (vt)	... издөө	... izdøø
choisir (vt)	тандоо	tandoo
commander (~ le menu)	буйрутма кылуу	bujrutma kıluu
commencer (vt)	баштоо	baʃtoo
comparer (vt)	салыштыруу	salıʃtıruu
comprendre (vt)	түшүнүү	tyʃynyy
compter (dénombrer)	саноо	sanoo

compter sur ...	... ишенүү	... iʃenyy
confondre (vt)	адаштыруу	adaʃtıruu
connaître (qn)	таануу	taanuu
conseiller (vt)	кеңеш берүү	keŋeʃ beryy
continuer (vt)	улантуу	ulantuu
contrôler (vt)	башкаруу	baʃkaruu
courir (vi)	чуркоо	ʧurkoo
coûter (vt)	туруу	turuu
créer (vt)	жаратуу	dʒaratuu
creuser (vt)	казуу	kazuu
crier (vi)	кыйкыруу	kıjkıruu

11. Les verbes les plus importants. Partie 2

décorer (~ la maison)	кооздоо	koozdoo
défendre (vt)	коргоо	korgoo
déjeuner (vi)	түштөнүү	tyʃtønyy
demander (~ l'heure)	суроо	suroo
demander (de faire qch)	суроо	suroo
descendre (vi)	ылдый түшүү	ıldıj tyʃyy
deviner (vt)	жандырмагын табуу	dʒandırmagın tabuu
dîner (vi)	кечки тамакты ичүү	keʧki tamaktı iʧyy
dire (vt)	айтуу	ajtuu
diriger (~ une usine)	башкаруу	baʃkaruu
discuter (vt)	талкуулоо	talkuuloo
donner (vt)	берүү	beryy
donner un indice	четин чыгаруу	ʧetin ʧıgaruu
douter (vt)	күмөн саноо	kymøn sanoo
écrire (vt)	жазуу	dʒazuu
entendre (bruit, etc.)	угуу	uguu
entrer (vi)	кирүү	kiryy
envoyer (vt)	жөнөтүү	dʒønøtyy
espérer (vi)	үмүттөнүү	ymyttønyy
essayer (vt)	аракет кылуу	araket kıluu
être (vi)	болуу	boluu
être d'accord	макул болуу	makul boluu
être nécessaire	керек болуу	kerek boluu
être pressé	шашуу	ʃaʃuu
étudier (vt)	окуу	okuu
excuser (vt)	кечирүү	keʧiryy
exiger (vt)	талап кылуу	talap kıluu
exister (vi)	чыгуу	ʧıguu
expliquer (vt)	түшүндүрүү	tyʃyndyryy
faire (vt)	кылуу	kıluu
faire tomber	түшүрүп алуу	tyʃyryp aluu
finir (vt)	бүтүрүү	bytyryy
garder (conserver)	сактоо	saktoo

gronder, réprimander (vt)	урушуу	uruʃuu
informer (vt)	маалымат берүү	maalımat beryy
insister (vi)	көшөрүү	køʃøryy
insulter (vt)	кемсинтүү	kemsintyy
inviter (vt)	чакыруу	tʃakıruu
jouer (s'amuser)	ойноо	ojnoo

12. Les verbes les plus importants. Partie 3

libérer (ville, etc.)	бошотуу	boʃotuu
lire (vi, vt)	окуу	okuu
louer (prendre en location)	батирге алуу	batirge aluu
manquer (l'école)	калтыруу	kaltıruu
menacer (vt)	коркутуу	korkutuu
mentionner (vt)	айтып өтүү	ajtıp øtyy
montrer (vt)	көрсөтүү	kørsøtyy
nager (vi)	сүзүү	syzyy
objecter (vt)	каршы болуу	karʃı boluu
observer (vt)	байкоо салуу	bajkoo
ordonner (mil.)	буйрук кылуу	bujruk kıluu
oublier (vt)	унутуу	unutuu
ouvrir (vt)	ачуу	atʃuu
pardonner (vt)	кечирүү	ketʃiryy
parler (vi, vt)	сүйлөө	syjløø
participer à …	катышуу	katıʃuu
payer (régler)	төлөө	tøløø
penser (vi, vt)	ойлоо	ojloo
permettre (vt)	уруксат берүү	uruksat beryy
plaire (être apprécié)	жактыруу	dʒaktıruu
plaisanter (vi)	тамашалоо	tamaʃaloo
planifier (vt)	пландаштыруу	plandaʃtıruu
pleurer (vi)	ыйлоо	ıjloo
posséder (vt)	ээ болуу	ee boluu
pouvoir (v aux)	жасай алуу	dʒasaj aluu
préférer (vt)	артык көрүү	artık køryy
prendre (vt)	алуу	aluu
prendre en note	кагазга түшүрүү	kagazga tyʃyryy
prendre le petit déjeuner	эртең менен тамактануу	erteŋ menen tamaktanuu
préparer (le dîner)	тамак бышыруу	tamak bıʃıruu
prévoir (vt)	күтүү	kytyy
prier (~ Dieu)	дуба кылуу	duba kıluu
promettre (vt)	убада берүү	ubada beryy
prononcer (vt)	айтуу	ajtuu
proposer (vt)	сунуштоо	sunuʃtoo
punir (vt)	жазалоо	dʒazaloo

13. Les verbes les plus importants. Partie 4

recommander (vt)	сунуштоо	sunuʃtoo
regretter (vt)	өкүнүү	økynyy
répéter (dire encore)	кайталоо	kajtaloo
répondre (vi, vt)	жооп берүү	dʒoop beryy
réserver (une chambre)	камдык буйрутмалоо	kamdık bujrutmaloo
rester silencieux	унчукпоо	untʃukpoo
réunir (regrouper)	бириктирүү	biriktiryy
rire (vi)	күлүү	kylyy
s'arrêter (vp)	токтоо	toktoo
s'asseoir (vp)	отуруу	oturuu
sauver (la vie à qn)	куткаруу	kutkaruu
savoir (qch)	билүү	bilyy
se baigner (vp)	сууга түшүү	suuga tyʃyy
se plaindre (vp)	арызданүү	arızdanuu
se refuser (vp)	баш тартуу	baʃ tartuu
se tromper (vp)	ката кетирүү	kata ketiryy
se vanter (vp)	мактануу	maktanuu
s'étonner (vp)	таң калуу	taŋ kaluu
s'excuser (vp)	кечирим суроо	ketʃirim suroo
signer (vt)	кол коюу	kol kojʉu
signifier (vt)	билдирүү	bildiryy
s'intéresser (vp)	... кызыгуу	... kızıguu
sortir (aller dehors)	чыгуу	tʃıguu
sourire (vi)	жылмаюу	dʒılmadʒʉu
sous-estimer (vt)	баалабоо	baalaboo
suivre ... (suivez-moi)	... ээрчүү	... eertʃyy
tirer (vt)	атуу	atuu
tomber (vi)	жыгылуу	dʒıgıluu
toucher (avec les mains)	тийүү	tijyy
tourner (~ à gauche)	бурулуу	buruluu
traduire (vt)	которуу	kotoruu
travailler (vi)	иштөө	iʃtøø
tromper (vt)	алдоо	aldoo
trouver (vt)	таап алуу	taap aluu
tuer (vt)	өлтүрүү	øltyryy
vendre (vt)	сатуу	satuu
venir (vi)	келүү	kelyy
voir (vt)	көрүү	køryy
voler (avion, oiseau)	учуу	utʃuu
voler (qch à qn)	уурдоо	uurdoo
vouloir (vt)	каалоо	kaaloo

14. Les couleurs

couleur (f)	түс	tys
teinte (f)	кошумча түс	koʃumtʃa tys

ton (m)	кубулуу	kubuluu
arc-en-ciel (m)	күндүн кулагы	kyndyn kulagı
blanc (adj)	ак	ak
noir (adj)	кара	kara
gris (adj)	боз	boz
vert (adj)	жашыл	dʒaʃıl
jaune (adj)	сары	sarı
rouge (adj)	кызыл	kızıl
bleu (adj)	көк	køk
bleu clair (adj)	көгүлтүр	køgyltyr
rose (adj)	мала	mala
orange (adj)	кызгылт сары	kızgılt sarı
violet (adj)	сыя көк	sıja køk
brun (adj)	күрөң	kyrøŋ
d'or (adj)	алтын түстүү	altın tystyy
argenté (adj)	күмүш өңдүү	kymyʃ øŋdyy
beige (adj)	сары боз	sarı boz
crème (adj)	саргылт	sargılt
turquoise (adj)	бирюза	biruza
rouge cerise (adj)	кочкул кызыл	kotʃkul kızıl
lilas (adj)	кызгылт көгүш	kızgılt køgyʃ
framboise (adj)	ачык кызыл	atʃık kızıl
clair (adj)	ачык	atʃık
foncé (adj)	күңүрт	kyŋyrt
vif (adj)	ачык	atʃık
de couleur (adj)	түстүү	tystyy
en couleurs (adj)	түстүү	tystyy
noir et blanc (adj)	ак-кара	ak-kara
unicolore (adj)	бир өңчөй түстө	bir øŋtʃøj tystø
multicolore (adj)	ар түрдүү түстө	ar tyrdyy tystø

15. Les questions

Qui?	Ким?	kim?
Quoi?	Эмне?	emne?
Où? (~ es-tu?)	Каерде?	kaerde?
Où? (~ vas-tu?)	Каяка?	kajaka?
D'où?	Каяктан?	kajaktan?
Quand?	Качан?	katʃan?
Pourquoi? (~ es-tu venu?)	Эмне үчүн?	emne ytʃyn?
Pourquoi? (~ t'es pâle?)	Эмнеге?	emnege?
À quoi bon?	Кайсы керекке?	kajsı kerekke?
Comment?	Кандай?	kandaj?
Quel? (à ~ prix?)	Кайсы?	kajsı?
Lequel?	Кайсынысы?	kajsınısı?
À qui? (pour qui?)	Кимге?	kimge?

De qui?	Ким жөнүндө?	kim dʒønyndø?
De quoi?	Эмне жөнүндө?	emne dʒønyndø?
Avec qui?	Ким менен?	kim menen?

Combien?	Канча?	kantʃa?
À qui? (~ est ce livre?)	Кимдики?	kimdiki?
À qui? (objet, fem.)	Кимдики?	kimdiki?
À qui? (objets, pl)	Кимдердики?	kimderdiki?

16. Les prépositions

avec (~ toi)	менен	menen
sans (~ sucre)	-сыз, -сиз	-sız, -siz
à (aller ~ ...)	... көздөй	... køzdøj
de (au sujet de)	... жөнүндө	... dʒønyndø
avant (~ midi)	... астында	... astında
devant (~ la maison)	... алдында	... aldında

sous (~ la commode)	... астында	... astında
au-dessus de ...	... өйдө	... øjdø
sur (dessus)	... үстүндө	... ystyndø
de (venir ~ Paris)	-дан	-dan
en (en bois, etc.)	-дан	-dan

| dans (~ deux heures) | ... ичинде | ... itʃinde |
| par dessus | ... үстүнөн | ... ystynøn |

17. Les mots-outils. Les adverbes. Partie 1

Où? (~ es-tu?)	Каерде?	kaerde?
ici (c'est ~)	бул жерде	bul dʒerde
là-bas (c'est ~)	тээтигил жакта	teetigil dʒakta

| quelque part (être) | бир жерде | bir dʒerde |
| nulle part (adv) | эч жакта | etʃ dʒakta |

| près de ... | ... жанында | ... dʒanında |
| près de la fenêtre | терезенин жанында | terezenin dʒanında |

Où? (~ vas-tu?)	Каяка?	kajaka?
ici (Venez ~)	бери	beri
là-bas (j'irai ~)	нары	narı
d'ici (adv)	бул жерден	bul dʒerden
de là-bas (adv)	тигил жерден	tigil dʒerden

| près (pas loin) | жакын | dʒakın |
| loin (adv) | алыс | alıs |

près de (~ Paris)	... тегерегинде	... tegereginde
tout près (adv)	жакын арада	dʒakın arada
pas loin (adv)	алыс эмес	alıs emes
gauche (adj)	сол	sol

à gauche (être ~)	сол жакта	sol dʒakta
à gauche (tournez ~)	солго	solgo
droit (adj)	оң	oŋ
à droite (être ~)	оң жакта	oŋ dʒakta
à droite (tournez ~)	оңго	oŋgo
devant (adv)	астыда	astıda
de devant (adj)	алдыңкы	aldıŋkı
en avant (adv)	алдыга	aldıga
derrière (adv)	артында	artında
par derrière (adv)	артынан	artınan
en arrière (regarder ~)	артка	artka
milieu (m)	ортосу	ortosu
au milieu (adv)	ортосунда	ortosunda
de côté (vue ~)	капталында	kaptalında
partout (adv)	бүт жерде	byt dʒerde
autour (adv)	айланасында	ajlanasında
de l'intérieur	ичинде	itʃinde
quelque part (aller)	бир жерде	bir dʒerde
tout droit (adv)	түз	tyz
en arrière (revenir ~)	кайра	kajra
de quelque part (n'import d'où)	бир жерден	bir dʒerden
de quelque part (on ne sait pas d'où)	бир жактан	bir dʒaktan
premièrement (adv)	биринчиден	birintʃiden
deuxièmement (adv)	экинчиден	ekintʃiden
troisièmement (adv)	үчүнчүдөн	ytʃyntʃydøn
soudain (adv)	күтпөгөн жерден	kytpøgøn dʒerden
au début (adv)	башында	baʃinda
pour la première fois	биринчи жолу	birintʃi dʒolu
bien avant ...	... алдында	... aldında
de nouveau (adv)	башынан	baʃinan
pour toujours (adv)	түбөлүккө	tybølykkø
jamais (adv)	эч качан	etʃ katʃan
de nouveau, encore (adv)	кайра	kajra
maintenant (adv)	эми	emi
souvent (adv)	көпчүлүк учурда	køptʃylyk utʃurda
alors (adv)	анда	anda
d'urgence (adv)	тезинен	tezinen
d'habitude (adv)	көбүнчө	købyntʃø
à propos, ...	баса, ...	basa, ...
c'est possible	мүмкүн	mymkyn
probablement (adv)	балким	balkim
peut-être (adv)	ыктымал	ıktımal
en plus, ...	андан тышкары, ...	andan tıʃkarı, ...

c'est pourquoi …	ошондуктан …	oʃonduktan …
malgré …	… карабастан	… karabastan
grâce à …	… күчү менен	… kytʃy menen

quoi (pron)	эмне	emne
que (conj)	эмне	emne
quelque chose (Il m'est arrivé ~)	бир нерсе	bir nerse
quelque chose (peut-on faire ~)	бир нерсе	bir nerse
rien (m)	эч нерсе	etʃ nerse

qui (pron)	ким	kim
quelqu'un (on ne sait pas qui)	кимдир бирөө	kimdir birøø
quelqu'un (n'importe qui)	бирөө жарым	birøø dʒarım

personne (pron)	эч ким	etʃ kim
nulle part (aller ~)	эч жака	etʃ dʒaka
de personne	эч кимдики	etʃ kimdiki
de n'importe qui	бирөөнүкү	birøønyky

comme ça (adv)	эми	emi
également (adv)	ошондой эле	oʃondoj ele
aussi (adv)	дагы	dagı

18. Les mots-outils. Les adverbes. Partie 2

Pourquoi?	Эмнеге?	emnege?
pour une certaine raison	эмнегедир	emnegedir
parce que …	… себептен	…, sebepten
pour une raison quelconque	эмне үчүндүр	emne ytʃyndyr

et (conj)	жана	dʒana
ou (conj)	же	dʒe
mais (conj)	бирок	birok
pour … (prep)	үчүн	ytʃyn

trop (adv)	өтө эле	øtø ele
seulement (adv)	азыр эле	azır ele
précisément (adv)	так	tak
près de … (prep)	болжол менен	boldʒol menen

approximativement	болжол менен	boldʒol menen
approximatif (adj)	болжолдуу	boldʒolduu
presque (adv)	дээрлик	deerlik
reste (m)	калганы	kalganı

l'autre (adj)	башка	baʃka
autre (adj)	башка бөлөк	baʃka bøløk
chaque (adj)	ар бири	ar biri
n'importe quel (adj)	баардык	baardık
beaucoup (adv)	көп	køp
plusieurs (pron)	көбү	køby
tous	баары	baarı

en échange de ...	... алмашуу	... almaʃuu
en échange (adv)	ордуна	orduna
à la main (adv)	колго	kolgo
peu probable (adj)	ишенүүгө болбойт	iʃenyygø bolbojt
probablement (adv)	балким	balkim
exprès (adv)	атайын	atajın
par accident (adv)	кокустан	kokustan
très (adv)	аябай	ajabaj
par exemple (adv)	мисалы	misalı
entre (prep)	ортосунда	ortosunda
parmi (prep)	арасында	arasında
autant (adv)	ошончо	oʃontʃo
surtout (adv)	өзгөчө	øzgøtʃø

Concepts de base. Partie 2

19. Les jours de la semaine

lundi (m)	дүйшөмбү	dyjʃømby
mardi (m)	шейшемби	ʃejʃembi
mercredi (m)	шаршемби	ʃarʃembi
jeudi (m)	бейшемби	bejʃembi
vendredi (m)	жума	dʒuma
samedi (m)	ишенби	iʃenbi
dimanche (m)	жекшемби	dʒekʃembi
aujourd'hui (adv)	бүгүн	bygyn
demain (adv)	эртең	erteŋ
après-demain (adv)	бирсүгүнү	birsygyny
hier (adv)	кечээ	ketʃee
avant-hier (adv)	мурда күнү	murda kyny
jour (m)	күн	kyn
jour (m) ouvrable	иш күнү	iʃ kyny
jour (m) férié	майрам күнү	majram kyny
jour (m) de repos	дем алыш күн	dem alıʃ kyn
week-end (m)	дем алыш күндөр	dem alıʃ kyndør
toute la journée	күнү бою	kyny boju
le lendemain	кийинки күнү	kijinki kyny
il y a 2 jours	эки күн мурун	eki kyn murun
la veille	жакында	dʒakında
quotidien (adj)	күндө	kyndø
tous les jours	күн сайын	kyn sajın
semaine (f)	жума	dʒuma
la semaine dernière	өткөн жумада	øtkøn dʒumada
la semaine prochaine	келаткан жумада	kelatkan dʒumada
hebdomadaire (adj)	жума сайын	dʒuma sajın
chaque semaine	жума сайын	dʒuma sajın
2 fois par semaine	жумасына эки жолу	dʒumasına eki dʒolu
tous les mardis	ар шейшемби	ar ʃejʃembi

20. Les heures. Le jour et la nuit

matin (m)	таң	taŋ
le matin	эртең менен	erteŋ menen
midi (m)	жарым күн	dʒarım kyn
dans l'après-midi	түштөн кийин	tyʃtøn kijin
soir (m)	кеч	ketʃ
le soir	кечинде	ketʃinde

nuit (f)	түн	tyn
la nuit	түндө	tyndø
minuit (f)	жарым түн	dʒarım tyn
seconde (f)	секунда	sekunda
minute (f)	мүнөт	mynøt
heure (f)	саат	saat
demi-heure (f)	жарым саат	dʒarım saat
un quart d'heure	чейрек саат	tʃejrek saat
quinze minutes	он беш мүнөт	on beʃ mynøt
vingt-quatre heures	сутка	sutka
lever (m) du soleil	күндүн чыгышы	kyndyn tʃıgıʃı
aube (f)	таң агаруу	taŋ agaruu
point (m) du jour	таң эрте	taŋ erte
coucher (m) du soleil	күн батуу	kyn batuu
tôt le matin	таң эрте	taŋ erte
ce matin	бүгүн эртең менен	bygyn erteŋ menen
demain matin	эртең эртең менен	erteŋ erteŋ menen
cet après-midi	күндүзү	kyndyzy
dans l'après-midi	түштөн кийин	tyʃtøn kijin
demain après-midi	эртең түштөн кийин	erteŋ tyʃtøn kijin
ce soir	бүгүн кечинде	bygyn ketʃinde
demain soir	эртең кечинде	erteŋ ketʃinde
à 3 heures précises	туура саат үчтө	tuura saat ytʃtø
autour de 4 heures	болжол менен төрт саат	boldʒol menen tørt saat
vers midi	саат он экиде	saat on ekide
dans 20 minutes	жыйырма мүнөттөн кийин	dʒıjırma mynøttøn kijin
dans une heure	бир сааттан кийин	bir saattan kijin
à temps	өз убагында	øz ubagında
... moins le quart	... он беш мүнөт калды	... on beʃ mynøt kaldı
en une heure	бир сааттын ичинде	bir saattın itʃinde
tous les quarts d'heure	он беш мүнөт сайын	on beʃ mynøt sajın
24 heures sur 24	бир сутка бою	bir sutka boju

21. Les mois. Les saisons

janvier (m)	январь	janvarʲ
février (m)	февраль	fevralʲ
mars (m)	март	mart
avril (m)	апрель	aprelʲ
mai (m)	май	maj
juin (m)	июнь	ijunʲ
juillet (m)	июль	ijulʲ
août (m)	август	avgust
septembre (m)	сентябрь	sentʲabrʲ
octobre (m)	октябрь	oktʲabrʲ

novembre (m)	ноябрь	nojabrʲ
décembre (m)	декабрь	dekabrʲ
printemps (m)	жаз	dʒaz
au printemps	жазында	dʒazında
de printemps (adj)	жазгы	dʒazgı
été (m)	жай	dʒaj
en été	жайында	dʒajında
d'été (adj)	жайкы	dʒajkı
automne (m)	күз	kyz
en automne	күзүндө	kyzyndø
d'automne (adj)	күздүк	kyzdyk
hiver (m)	кыш	kıʃ
en hiver	кышында	kıʃında
d'hiver (adj)	кышкы	kıʃkı
mois (m)	ай	aj
ce mois	ушул айда	uʃul ajda
le mois prochain	кийинки айда	kijinki ajda
le mois dernier	өткөн айда	øtkøn ajda
il y a un mois	бир ай мурун	bir aj murun
dans un mois	бир айдан кийин	bir ajdan kijin
dans 2 mois	эки айдан кийин	eki ajdan kijin
tout le mois	ай бою	aj bojʉ
tout un mois	толук бир ай	toluk bir aj
mensuel (adj)	ай сайын	aj sajın
mensuellement	ай сайын	aj sajın
chaque mois	ар бир айда	ar bir ajda
2 fois par mois	айына эки жолу	ajına eki dʒolu
année (f)	жыл	dʒıl
cette année	бул жылы	bul dʒılı
l'année prochaine	келаткан жылы	kelatkan dʒılı
l'année dernière	өткөн жылы	øtkøn dʒılı
il y a un an	бир жыл мурун	bir dʒıl murun
dans un an	бир жылдан кийин	bir dʒıldan kijin
dans 2 ans	эки жылдан кийин	eki dʒıldan kijin
toute l'année	жыл бою	dʒıl bodʒʉ
toute une année	толук бир жыл	toluk bir dʒıl
chaque année	ар жыл сайын	ar dʒıl sajın
annuel (adj)	жыл сайын	dʒıl sajın
annuellement	жыл сайын	dʒıl sajın
4 fois par an	жылына төрт жолу	dʒılına tørt dʒolu
date (f) (jour du mois)	число	tʃislo
date (f) (~ mémorable)	күн	kyn
calendrier (m)	календарь	kalendarʲ
six mois	жарым жыл	dʒarım dʒıl
semestre (m)	жарым чейрек	dʒarım tʃejrek

saison (f)	мезгил	mezgil
siècle (m)	кылым	kılım

22. Les unités de mesure

poids (m)	салмак	salmak
longueur (f)	узундук	uzunduk
largeur (f)	жазылык	dʒazılık
hauteur (f)	бийиктик	bijiktik
profondeur (f)	терендик	terendik
volume (m)	көлөм	køløm
aire (f)	аянт	ajant
gramme (m)	грамм	gramm
milligramme (m)	миллиграмм	milligramm
kilogramme (m)	килограмм	kilogramm
tonne (f)	тонна	tonna
livre (f)	фунт	funt
once (f)	унция	untsija
mètre (m)	метр	metr
millimètre (m)	миллиметр	millimetr
centimètre (m)	сантиметр	santimetr
kilomètre (m)	километр	kilometr
mille (m)	миля	milʲa
pouce (m)	дюйм	dɥjm
pied (m)	фут	fut
yard (m)	ярд	jard
mètre (m) carré	квадраттык метр	kvadrattık metr
hectare (m)	гектар	gektar
litre (m)	литр	litr
degré (m)	градус	gradus
volt (m)	вольт	volʲt
ampère (m)	ампер	amper
cheval-vapeur (m)	ат күчү	at kytʃy
quantité (f)	саны	sanı
un peu de …	… бир аз	… bir az
moitié (f)	жарым	dʒarım
douzaine (f)	он эки даана	on eki daana
pièce (f)	даана	daana
dimension (f)	чондук	tʃonduk
échelle (f) (de la carte)	өлчөмчөн	øltʃømtʃen
minimal (adj)	минималдуу	minimalduu
le plus petit (adj)	эң кичинекей	eŋ kitʃinekej
moyen (adj)	орточо	ortotʃo
maximal (adj)	максималдуу	maksimalduu
le plus grand (adj)	эң чоң	eŋ tʃoŋ

23. Les récipients

bocal (m) en verre	банка	banka
boîte, canette (f)	банка	banka
seau (m)	чака	ʧaka
tonneau (m)	бочка	boʧka
bassine, cuvette (f)	дагара	dagara
cuve (f)	бак	bak
flasque (f)	фляжка	flʲadʒka
jerrican (m)	канистра	kanistra
citerne (f)	цистерна	tsısterna
tasse (f), mug (m)	кружка	krudʒka
tasse (f)	чөйчөк	ʧøjʧøk
soucoupe (f)	табак	tabak
verre (m) (~ d'eau)	ыстакан	ıstakan
verre (m) à vin	бокал	bokal
faitout (m)	мискей	miskej
bouteille (f)	бөтөлкө	bøtølkø
goulot (m)	оозу	oozu
carafe (f)	графин	grafin
pichet (m)	кумура	kumura
récipient (m)	идиш	idiʃ
pot (m)	карапа	karapa
vase (m)	ваза	vaza
flacon (m)	флакон	flakon
fiole (f)	кичине бөтөлкө	kiʧine bøtølkø
tube (m)	тюбик	tubik
sac (m) (grand ~)	кап	kap
sac (m) (~ en plastique)	пакет	paket
paquet (m) (~ de cigarettes)	пачке	paʧke
boîte (f)	куту	kutu
caisse (f)	үкөк	ykøk
panier (m)	себет	sebet

L'HOMME

L'homme. Le corps humain

24. La tête

tête (f)	баш	baʃ
visage (m)	бет	bet
nez (m)	мурун	murun
bouche (f)	ооз	ooz
œil (m)	көз	køz
les yeux	көздөр	køzdør
pupille (f)	карек	karek
sourcil (m)	каш	kaʃ
cil (m)	кирпик	kirpik
paupière (f)	кабак	kabak
langue (f)	тил	til
dent (f)	тиш	tiʃ
lèvres (f pl)	эриндер	erinder
pommettes (f pl)	бет сөөгү	bet søøgy
gencive (f)	тиш эти	tiʃ eti
palais (m)	таңдай	taŋdaj
narines (f pl)	мурун тешиги	murun teʃigi
menton (m)	ээк	eek
mâchoire (f)	жаак	dʒaak
joue (f)	бет	bet
front (m)	чеке	tʃeke
tempe (f)	чыкый	tʃıkıj
oreille (f)	кулак	kulak
nuque (f)	желке	dʒelke
cou (m)	моюн	mojʉn
gorge (f)	тамак	tamak
cheveux (m pl)	чач	tʃatʃ
coiffure (f)	чач жасоо	tʃatʃ dʒasoo
coupe (f)	чач кыркуу	tʃatʃ kırkuu
perruque (f)	парик	parik
moustache (f)	мурут	murut
barbe (f)	сакал	sakal
porter (~ la barbe)	мурут коюу	murut kojʉu
tresse (f)	өрүм чач	ørym tʃatʃ
favoris (m pl)	бакенбарда	bakenbarda
roux (adj)	сары	sarı
gris, grisonnant (adj)	ак чачтуу	ak tʃatʃtuu

chauve (adj)	таз	taz
calvitie (f)	кашка	kaʃka
queue (f) de cheval	куйрук	kujruk
frange (f)	көкүл	køkyl

25. Le corps humain

main (f)	беш манжа	beʃ mandʒa
bras (m)	кол	kol
doigt (m)	манжа	mandʒa
orteil (m)	манжа	mandʒa
pouce (m)	бармак	barmak
petit doigt (m)	чыпалак	tʃıpalak
ongle (m)	тырмак	tırmak
poing (m)	муштум	muʃtum
paume (f)	алакан	alakan
poignet (m)	билек	bilek
avant-bras (m)	каруу	karuu
coude (m)	чыканак	tʃıkanak
épaule (f)	ийин	ijin
jambe (f)	бут	but
pied (m)	таман	taman
genou (m)	тизе	tize
mollet (m)	балтыр	baltır
hanche (f)	сан	san
talon (m)	согончок	sogontʃok
corps (m)	дене	dene
ventre (m)	курсак	kursak
poitrine (f)	төш	tøʃ
sein (m)	эмчек	emtʃek
côté (m)	каптал	kaptal
dos (m)	арка жон	arka dʒon
reins (région lombaire)	бел	bel
taille (f) (~ de guêpe)	бел	bel
nombril (m)	киндик	kindik
fesses (f pl)	жамбаш	dʒambaʃ
derrière (m)	көчүк	køtʃyk
grain (m) de beauté	мең	meŋ
tache (f) de vin	кал	kal
tatouage (m)	татуировка	tatuirovka
cicatrice (f)	тырык	tırık

Les vêtements & les accessoires

26. Les vêtements d'extérieur

vêtement (m)	кийим	kijim
survêtement (m)	үстүнкү кийим	ystyŋky kijim
vêtement (m) d'hiver	кышкы кийим	kıʃkı kijim
manteau (m)	пальто	palʲto
manteau (m) de fourrure	тон	ton
veste (f) de fourrure	чолок тон	ʧolok ton
manteau (m) de duvet	мамык олпок	mamık olpok
veste (f) (~ en cuir)	күрмө	kyrmø
imperméable (m)	плащ	plaʃʧ
imperméable (adj)	суу өткүс	suu øtkys

27. Men's & women's clothing

chemise (f)	көйнөк	køjnøk
pantalon (m)	шым	ʃım
jean (m)	джинсы	dʒinsı
veston (m)	бешмант	beʃmant
complet (m)	костюм	kostʉm
robe (f)	көйнөк	køjnøk
jupe (f)	юбка	jʉbka
chemisette (f)	блузка	bluzka
veste (f) en laine	кофта	kofta
jaquette (f), blazer (m)	кыска бешмант	kıska beʃmant
tee-shirt (m)	футболка	futbolka
short (m)	чолок шым	ʧolok ʃım
costume (m) de sport	спорт кийими	sport kijimi
peignoir (m) de bain	халат	χalat
pyjama (m)	пижама	pidʒama
chandail (m)	свитер	sviter
pull-over (m)	пуловер	pulover
gilet (m)	жилет	dʒilet
queue-de-pie (f)	фрак	frak
smoking (m)	смокинг	smoking
uniforme (m)	форма	forma
tenue (f) de travail	жумуш кийим	dʒumuʃ kijim
salopette (f)	комбинезон	kombinezon
blouse (f) (d'un médecin)	халат	χalat

28. Les sous-vêtements

sous-vêtements (m pl)	ич кийим	itʃ kijim
boxer (m)	эркектер чолок дамбалы	erkekter tʃolok dambalı
slip (m) de femme	аялдар трусиги	ajaldar trusigi
maillot (m) de corps	майка	majka
chaussettes (f pl)	байпак	bajpak
chemise (f) de nuit	жатаарда кийүүчү көйнөк	dʒataarda kijyytʃy køjnøk
soutien-gorge (m)	бюстгальтер	bʉstgalʲter
chaussettes (f pl) hautes	гольфы	golʲfı
collants (m pl)	колготки	kolgotki
bas (m pl)	байпак	bajpak
maillot (m) de bain	купальник	kupalʲnik

29. Les chapeaux

chapeau (m)	топу	topu
chapeau (m) feutre	шляпа	ʃlʲapa
casquette (f) de base-ball	бейсболка	bejsbolka
casquette (f)	кепка	kepka
béret (m)	берет	beret
capuche (f)	капюшон	kapʉʃon
panama (m)	панамка	panamka
bonnet (m) de laine	токулган шапка	tokulgan ʃapka
foulard (m)	жоолук	dʒooluk
chapeau (m) de femme	шляпа	ʃlʲapa
casque (m) (d'ouvriers)	каска	kaska
calot (m)	пилотка	pilotka
casque (m) (~ de moto)	шлем	ʃlem
melon (m)	котелок	kotelok
haut-de-forme (m)	цилиндр	tsılindr

30. Les chaussures

chaussures (f pl)	бут кийим	but kijim
bottines (f pl)	ботинка	botinka
souliers (m pl) (~ plats)	туфли	tufli
bottes (f pl)	өтүк	øtyk
chaussons (m pl)	тапочка	tapotʃka
tennis (m pl)	кроссовка	krossovka
baskets (f pl)	кеды	kedı
sandales (f pl)	сандалии	sandalii
cordonnier (m)	өтүкчү	øtyktʃy
talon (m)	така	taka

paire (f)	түгөй	tygøj
lacet (m)	боо	boo
lacer (vt)	боолоо	booloo
chausse-pied (m)	кашык	kaʃık
cirage (m)	өтүк май	øtyk maj

31. Les accessoires personnels

gants (m pl)	колкап	kolkap
moufles (f pl)	мээлей	meelej
écharpe (f)	моюн орогуч	mojɯn oroguʧ
lunettes (f pl)	көз айнек	køz ajnek
monture (f)	алкак	alkak
parapluie (m)	чатырча	ʧatırʧa
canne (f)	аса таяк	asa tajak
brosse (f) à cheveux	тарак	tarak
éventail (m)	желпингич	dʒelpingiʧ
cravate (f)	галстук	galstuk
nœud papillon (m)	галстук-бабочка	galstuk-babotʃka
bretelles (f pl)	шым тарткыч	ʃım tartkıʧ
mouchoir (m)	бетаарчы	betaarʧı
peigne (m)	тарак	tarak
barrette (f)	чачсайгы	ʧaʧsajgı
épingle (f) à cheveux	шпилька	ʃpilʲka
boucle (f)	таралга	taralga
ceinture (f)	кайыш кур	kajıʃ kur
bandoulière (f)	илгич	ilgiʧ
sac (m)	колбаштык	kolbaʃtık
sac (m) à main	кичине колбаштык	kiʧine kolbaʃtık
sac (m) à dos	жонбаштык	dʒonbaʃtık

32. Les vêtements. Divers

mode (f)	мода	moda
à la mode (adj)	саркеч	sarkeʧ
couturier, créateur de mode	модельер	modeljer
col (m)	жака	dʒaka
poche (f)	чөнтөк	ʧøntøk
de poche (adj)	чөнтөк	ʧøntøk
manche (f)	жең	dʒeŋ
bride (f)	илгич	ilgiʧ
braguette (f)	ширинка	ʃirinka
fermeture (f) à glissière	молния	molnija
agrafe (f)	топчулук	topʧuluk
bouton (m)	топчу	topʧu

boutonnière (f)	илмек	ilmek
s'arracher (bouton)	үзүлүү	yzylyy
coudre (vi, vt)	тигүү	tigyy
broder (vt)	сайма саюу	sajma sajuu
broderie (f)	сайма	sajma
aiguille (f)	ийне	ijne
fil (m)	жип	dʒip
couture (f)	тигиш	tigiʃ
se salir (vp)	булгап алуу	bulgap aluu
tache (f)	так	tak
se froisser (vp)	бырышып калуу	bırıʃıp kaluu
déchirer (vt)	айрылуу	ajrıluu
mite (f)	күбө	kybø

33. L'hygiène corporelle. Les cosmétiques

dentifrice (m)	тиш пастасы	tiʃ pastası
brosse (f) à dents	тиш щёткасы	tiʃ ʃtʃotkası
se brosser les dents	тиш жуу	tiʃ dʒuu
rasoir (m)	устара	ustara
crème (f) à raser	кырынуу үчүн көбүк	kırınuu ytʃyn købyk
se raser (vp)	кырынуу	kırınuu
savon (m)	самын	samın
shampooing (m)	шампунь	ʃampunʲ
ciseaux (m pl)	кайчы	kajtʃı
lime (f) à ongles	тырмак өгөө	tırmak øgøø
pinces (f pl) à ongles	тырмак кычкачы	tırmak kıtʃkatʃı
pince (f) à épiler	искек	iskek
produits (m pl) de beauté	упа-эндик	upa-endik
masque (m) de beauté	маска	maska
manucure (f)	маникюр	manikur
se faire les ongles	маникюр жасоо	manikdʒur dʒasoo
pédicurie (f)	педикюр	pedikur
trousse (f) de toilette	косметичка	kosmetitʃka
poudre (f)	упа	upa
poudrier (m)	упа кутусу	upa kutusu
fard (m) à joues	эндик	endik
parfum (m)	атыр	atır
eau (f) de toilette	туалет атыр суусу	tualet atır suusu
lotion (f)	лосьон	losʲon
eau de Cologne (f)	одеколон	odekolon
fard (m) à paupières	көз боёгу	køz bojogu
crayon (m) à paupières	көз карандашы	køz karandaʃı
mascara (m)	кирпик үчүн боек	kirpik ytʃyn boek
rouge (m) à lèvres	эрин помадасы	erin pomadası

vernis (m) à ongles	тырмак үчүн лак	tırmak ytʃyn lak
laque (f) pour les cheveux	чач үчүн лак	tʃatʃ ytʃyn lak
déodorant (m)	дезодорант	dezodorant
crème (f)	крем	krem
crème (f) pour le visage	бетмай	betmaj
crème (f) pour les mains	кол үчүн май	kol ytʃyn maj
crème (f) anti-rides	бырыштарга каршы бет май	bırıʃtarga karʃı bet maj
crème (f) de jour	күндүзгү бет май	kyndyzgy bet maj
crème (f) de nuit	түнкү бет май	tynky bet maj
de jour (adj)	күндүзгү	kyndyzgy
de nuit (adj)	түнкү	tynky
tampon (m)	тампон	tampon
papier (m) de toilette	даарат кагазы	daarat kagazı
sèche-cheveux (m)	фен	fen

34. Les montres. Les horloges

montre (f)	кол саат	kol saat
cadran (m)	циферблат	tsıferblat
aiguille (f)	жебе	dʒebe
bracelet (m)	браслет	braslet
bracelet (m) (en cuir)	кайыш кур	kajıʃ kur
pile (f)	батарейка	batarejka
être déchargé	зарядканын түгөнүүсү	zarʲadkanın tygønyysy
changer de pile	батарейка алмаштыруу	batarejka almaʃtıruu
avancer (vi)	алдыга кетүү	aldıga ketyy
retarder (vi)	калуу	kaluu
pendule (f)	дубалга тагуучу саат	dubalga taguutʃu saat
sablier (m)	кум саат	kum caat
cadran (m) solaire	күн саат	kyn saat
réveil (m)	ойготкуч саат	ojgotkutʃ saat
horloger (m)	саат устасы	saat ustası
réparer (vt)	оңдоо	oŋdoo

Les aliments. L'alimentation

35. Les aliments

viande (f)	эт	et
poulet (m)	тоок	took
poulet (m) (poussin)	балапан	balapan
canard (m)	өрдөк	ørdøk
oie (f)	каз	kaz
gibier (m)	илбээсин	ilbeesin
dinde (f)	күрп	kyrp
du porc	чочко эти	tʃotʃko eti
du veau	торпок эти	torpok eti
du mouton	кой эти	koj eti
du bœuf	уй эти	uj eti
lapin (m)	коён	koen
saucisson (m)	колбаса	kolbasa
saucisse (f)	сосиска	sosiska
bacon (m)	бекон	bekon
jambon (m)	ветчина	vettʃina
cuisse (f)	сан эт	san et
pâté (m)	паштет	paʃtet
foie (m)	боор	boor
farce (f)	фарш	farʃ
langue (f)	тил	til
œuf (m)	жумуртка	dʒumurtka
les œufs	жумурткалар	dʒumurtkalar
blanc (m) d'œuf	жумуртканын агы	dʒumurtkanın agı
jaune (m) d'œuf	жумуртканын сарысы	dʒumurtkanın sarısı
poisson (m)	балык	balık
fruits (m pl) de mer	деңиз азыктары	deŋiz azıktarı
crustacés (m pl)	рак сыяктуулар	rak sıjaktuular
caviar (m)	урук	uruk
crabe (m)	краб	krab
crevette (f)	креветка	krevetka
huître (f)	устрица	ustritsa
langoustine (f)	лангуст	langust
poulpe (m)	сегиз бут	segiz but
calamar (m)	кальмар	kalʲmar
esturgeon (m)	осетрина	osetrina
saumon (m)	лосось	lososʲ
flétan (m)	палтус	paltus
morue (f)	треска	treska

maquereau (m)	скумбрия	skumbrija
thon (m)	тунец	tunets
anguille (f)	угорь	ugorʲ

truite (f)	форель	forelʲ
sardine (f)	сардина	sardina
brochet (m)	чортон	tʃorton
hareng (m)	сельдь	selʲdʲ

pain (m)	нан	nan
fromage (m)	сыр	sır
sucre (m)	кум шекер	kum-ʃeker
sel (m)	туз	tuz

riz (m)	күрүч	kyrytʃ
pâtes (m pl)	макарон	makaron
nouilles (f pl)	кесме	kesme

beurre (m)	ак май	ak maj
huile (f) végétale	өсүмдүк майы	øsymdyk majı
huile (f) de tournesol	күн карама майы	kyn karama majı
margarine (f)	маргарин	margarin

olives (f pl)	зайтун	zajtun
huile (f) d'olive	зайтун майы	zajtun majı

lait (m)	сүт	syt
lait (m) condensé	коюутулган сүт	kojutulgan syt
yogourt (m)	йогурт	jogurt
crème (f) aigre	сметана	smetana
crème (f) (de lait)	каймак	kajmak

sauce (f) mayonnaise	майонез	majonez
crème (f) au beurre	крем	krem

gruau (m)	акшак	akʃak
farine (f)	ун	un
conserves (f pl)	консерва	konserva

pétales (m pl) de maïs	жарылган жүгөрү	dʒarılgan dʒygøry
miel (m)	бал	bal
confiture (f)	джем, конфитюр	dʒem, konfitʉr
gomme (f) à mâcher	сагыз	sagız

36. Les boissons

eau (f)	суу	suu
eau (f) potable	ичүүчү суу	itʃyytʃy suu
eau (f) minérale	минерал суусу	mineral suusu

plate (adj)	газсыз	gazsız
gazeuse (l'eau ~)	газдалган	gazdalgan
pétillante (adj)	газы менен	gazı menen
glace (f)	муз	muz

avec de la glace	музу менен	muzu menen
sans alcool	алкоголсуз	alkogolsuz
boisson (f) non alcoolisée	алкоголсуз ичимдик	alkogolsuz itʃimdik
rafraîchissement (m)	суусундук	suusunduk
limonade (f)	лимонад	limonad
boissons (f pl) alcoolisées	спирт ичимдиктери	spirt itʃimdikteri
vin (m)	шарап	ʃarap
vin (m) blanc	ак шарап	ak ʃarap
vin (m) rouge	кызыл шарап	kızıl ʃarap
liqueur (f)	ликёр	likʲor
champagne (m)	шампан	ʃampan
vermouth (m)	вермут	vermut
whisky (m)	виски	viski
vodka (f)	арак	arak
gin (m)	джин	dʒin
cognac (m)	коньяк	konjak
rhum (m)	ром	rom
café (m)	кофе	kofe
café (m) noir	кара кофе	kara kofe
café (m) au lait	сүттөлгөн кофе	syttølgøn kofe
cappuccino (m)	капучино	kaputʃino
café (m) soluble	эрүүчү кофе	eryytʃy kofe
lait (m)	сүт	syt
cocktail (m)	коктейль	koktejlʲ
cocktail (m) au lait	сүт коктейли	syt koktejli
jus (m)	шире	ʃire
jus (m) de tomate	томат ширеси	tomat ʃiresi
jus (m) d'orange	апельсин ширеси	apelʲsin ʃiresi
jus (m) pressé	түз сыгылып алынган шире	tyz sıgılıp alıngan ʃire
bière (f)	сыра	sıra
bière (f) blonde	ачык сыра	atʃık sıra
bière (f) brune	коңур сыра	koŋur sıra
thé (m)	чай	tʃaj
thé (m) noir	кара чай	kara tʃaj
thé (m) vert	жашыл чай	dʒaʃıl tʃaj

37. Les légumes

légumes (m pl)	жашылча	dʒaʃıltʃa
verdure (f)	көк чөп	køk tʃøp
tomate (f)	помидор	pomidor
concombre (m)	бадыраң	badıraŋ
carotte (f)	сабиз	sabiz
pomme (f) de terre	картошка	kartoʃka

oignon (m)	пияз	pijaz
ail (m)	сарымсак	sarımsak
chou (m)	капуста	kapusta
chou-fleur (m)	гүлдүү капуста	gyldyy kapusta
chou (m) de Bruxelles	брюссель капустасы	brussel^j kapustası
brocoli (m)	брокколи капустасы	brokkoli kapustası
betterave (f)	кызылча	kızıltʃa
aubergine (f)	баклажан	baklaʤan
courgette (f)	кабачок	kabatʃok
potiron (m)	ашкабак	aʃkabak
navet (m)	шалгам	ʃalgam
persil (m)	петрушка	petruʃka
fenouil (m)	укроп	ukrop
laitue (f) (salade)	салат	salat
céleri (m)	сельдерей	sel^jderej
asperge (f)	спаржа	sparʤa
épinard (m)	шпинат	ʃpinat
pois (m)	нокот	nokot
fèves (f pl)	буурчак	buurtʃak
maïs (m)	жүгөрү	ʤygøry
haricot (m)	төө буурчак	tøø buurtʃak
poivron (m)	таттуу перец	tattuu perets
radis (m)	шалгам	ʃalgam
artichaut (m)	артишок	artiʃok

38. Les fruits. Les noix

fruit (m)	мөмө	mømø
pomme (f)	алма	alma
poire (f)	алмурут	almurut
citron (m)	лимон	limon
orange (f)	апельсин	apel^jsin
fraise (f)	кулпунай	kulpunaj
mandarine (f)	мандарин	mandarin
prune (f)	кара өрүк	kara øryk
pêche (f)	шабдаалы	ʃabdaalı
abricot (m)	өрүк	øryk
framboise (f)	дан куурай	dan kuuraj
ananas (m)	ананас	ananas
banane (f)	банан	banan
pastèque (f)	арбуз	arbuz
raisin (m)	жүзүм	ʤyzym
cerise (f)	алча	altʃa
merise (f)	гилас	gilas
melon (m)	коон	koon
pamplemousse (m)	грейпфрут	grejpfrut
avocat (m)	авокадо	avokado

papaye (f)	папайя	papaja
mangue (f)	манго	mango
grenade (f)	анар	anar

groseille (f) rouge	кызыл карагат	kızıl karagat
cassis (m)	кара карагат	kara karagat
groseille (f) verte	крыжовник	krıdʒovnik
myrtille (f)	кара моюл	kara mojʉl
mûre (f)	кара бүлдүркөн	kara byldyrkøn

raisin (m) sec	мейиз	mejiz
figue (f)	анжир	andʒir
datte (f)	курма	kurma

cacahuète (f)	арахис	araχis
amande (f)	бадам	badam
noix (f)	жаңгак	dʒaŋgak
noisette (f)	токой жаңгагы	tokoj dʒaŋgagı
noix (f) de coco	кокос жаңгагы	kokos dʒaŋgagı
pistaches (f pl)	мисте	miste

39. Le pain. Les confiseries

confiserie (f)	кондитер азыктары	konditer azıktarı
pain (m)	нан	nan
biscuit (m)	печенье	petʃenje

chocolat (m)	шоколад	ʃokolad
en chocolat (adj)	шоколаддан	ʃokoladdan
bonbon (m)	конфета	konfeta
gâteau (m), pâtisserie (f)	пирожное	pirodʒnoe
tarte (f)	торт	tort

| gâteau (m) | пирог | pirog |
| garniture (f) | начинка | natʃinka |

confiture (f)	кыям	kıjam
marmelade (f)	мармелад	marmelad
gaufre (f)	вафли	vafli
glace (f)	бал муздак	bal muzdak
pudding (m)	пудинг	puding

40. Les plats cuisinés

plat (m)	тамак	tamak
cuisine (f)	даам	daam
recette (f)	тамак жасоо ыкмасы	tamak dʒasoo ıkması
portion (f)	порция	portsija

salade (f)	салат	salat
soupe (f)	сорпо	sorpo
bouillon (m)	ынак сорпо	ınak sorpo

sandwich (m)	бутерброд	buterbrod
les œufs brouillés	куурулган жумуртка	kuurulgan dʒumurtka
hamburger (m)	гамбургер	gamburger
steak (m)	бифштекс	bifʃteks
garniture (f)	гарнир	garnir
spaghettis (m pl)	спагетти	spagetti
purée (f)	эзилген картошка	ezilgen kartoʃka
pizza (f)	пицца	pitsa
bouillie (f)	ботко	botko
omelette (f)	омлет	omlet
cuit à l'eau (adj)	сууга бышырылган	suuga bıʃırılgan
fumé (adj)	ышталган	ıʃtalgan
frit (adj)	куурулган	kuurulgan
sec (adj)	кургатылган	kurgatılgan
congelé (adj)	тоңдурулган	toŋdurulgan
mariné (adj)	маринаддагы	marinaddagı
sucré (adj)	таттуу	tattuu
salé (adj)	туздуу	tuzduu
froid (adj)	муздак	muzdak
chaud (adj)	ысык	ısık
amer (adj)	ачуу	atʃuu
bon (savoureux)	даамдуу	daamduu
cuire à l'eau	кайнатуу	kajnatuu
préparer (le dîner)	тамак бышыруу	tamak bıʃıruu
faire frire	кууруу	kuuruu
réchauffer (vt)	жылытуу	dʒılıtuu
saler (vt)	туздоо	tuzdoo
poivrer (vt)	калемпир кошуу	kalempir koʃuu
râper (vt)	сүргүлөө	syrgyløø
peau (f)	сырты	cırtı
éplucher (vt)	тазалоо	tazaloo

41. Les épices

sel (m)	туз	tuz
salé (adj)	туздуу	tuzduu
saler (vt)	туздоо	tuzdoo
poivre (m) noir	кара мурч	kara murtʃ
poivre (m) rouge	кызыл калемпир	kızıl kalempir
moutarde (f)	горчица	gortʃitsa
raifort (m)	хрен	χren
condiment (m)	татымал	tatımal
épice (f)	татымал	tatımal
sauce (f)	соус	sous
vinaigre (m)	уксус	uksus
anis (m)	анис	anis

basilic (m)	райхон	rajχon
clou (m) de girofle	гвоздика	gvozdika
gingembre (m)	имбирь	imbirʲ
coriandre (m)	кориандр	koriandr
cannelle (f)	корица	koritsa
sésame (m)	кунжут	kundʒut
feuille (f) de laurier	лавр жалбырагы	lavr dʒalbıragı
paprika (m)	паприка	paprika
cumin (m)	зира	zira
safran (m)	заапаран	zaaparan

42. Les repas

nourriture (f)	тамак	tamak
manger (vi, vt)	тамактануу	tamaktanuu
petit déjeuner (m)	таңкы тамак	taŋkı tamak
prendre le petit déjeuner	эртең менен тамактануу	erteŋ menen tamaktanuu
déjeuner (m)	түшкү тамак	tyʃky tamak
déjeuner (vi)	түштөнүү	tyʃtønyy
dîner (m)	кечки тамак	ketʃki tamak
dîner (vi)	кечки тамакты ичүү	ketʃki tamaktı itʃyy
appétit (m)	табит	tabit
Bon appétit!	Тамагыңыз таттуу болсун!	tamagıŋız tattuu bolsun!
ouvrir (vt)	ачуу	atʃuu
renverser (liquide)	төгүп алуу	tøgyp aluu
se renverser (liquide)	төгүлүү	tøgylyy
bouillir (vi)	кайноо	kajnoo
faire bouillir	кайнатуу	kajnatuu
bouilli (l'eau ~e)	кайнатылган	kajnatılgan
refroidir (vt)	суутуу	suutuu
se refroidir (vp)	сууп туруу	suup turuu
goût (m)	даам	daam
arrière-goût (m)	даамдануу	daamdanuu
suivre un régime	арыктоо	arıktoo
régime (m)	мүнөз тамак	mynøz tamak
vitamine (f)	витамин	vitamin
calorie (f)	калория	kalorija
végétarien (m)	эттен чанган	etten tʃangan
végétarien (adj)	этсиз даярдалган	etsiz dajardalgan
lipides (m pl)	майлар	majlar
protéines (f pl)	белоктор	beloktor
glucides (m pl)	көмүрсуулар	kømyrsuular
tranche (f)	кесим	kesim
morceau (m)	бөлүк	bølyk
miette (f)	күкүм	kykym

43. Le dressage de la table

cuillère (f)	кашык	kaʃık
couteau (m)	бычак	bıtʃak
fourchette (f)	вилка	vilka
tasse (f)	чөйчөк	tʃøjtʃøk
assiette (f)	табак	tabak
soucoupe (f)	табак	tabak
serviette (f)	майлык	majlık
cure-dent (m)	тиш чукугуч	tiʃ tʃukugutʃ

44. Le restaurant

restaurant (m)	ресторан	restoran
salon (m) de café	кофекана	kofekana
bar (m)	бар	bar
salon (m) de thé	чай салону	tʃaj salonu
serveur (m)	официант	ofitsiant
serveuse (f)	официант кыз	ofitsiant kız
barman (m)	бармен	barmen
carte (f)	меню	menu
carte (f) des vins	шарап картасы	ʃarap kartası
réserver une table	столду камдык буйрутмалоо	stoldu kamdık bujrutmaloo
plat (m)	тамак	tamak
commander (vt)	буйрутма кылуу	bujrutma kıluu
faire la commande	буйрутма берүү	bujrutma beryy
apéritif (m)	аперитив	aperitiv
hors-d'œuvre (m)	ысылык	ısılık
dessert (m)	десерт	desert
addition (f)	эсеп	esep
régler l'addition	эсеп төлөө	esep tøløø
rendre la monnaie	майда акчаны кайтаруу	majda aktʃanı kajtaruu
pourboire (m)	чайпул	tʃajpul

La famille. Les parents. Les amis

45. Les données personnelles. Les formulaires

prénom (m)	аты	atı
nom (m) de famille	фамилиясы	familijası
date (f) de naissance	төрөлгөн күнү	tørølgøn kyny
lieu (m) de naissance	туулган жери	tuulgan dʒeri
nationalité (f)	улуту	ulutu
domicile (m)	жашаган жери	dʒaʃagan dʒeri
pays (m)	өлкө	ølkø
profession (f)	кесиби	kesibi
sexe (m)	жынысы	dʒınısı
taille (f)	бою	boju
poids (m)	салмак	salmak

46. La famille. Les liens de parenté

mère (f)	эне	ene
père (m)	ата	ata
fils (m)	уул	uul
fille (f)	кыз	kız
fille (f) cadette	кичүү кыз	kitʃyy kız
fils (m) cadet	кичүү уул	kitʃyy uul
fille (f) aînée	улуу кыз	uluu kız
fils (m) aîné	улуу уул	uluu uul
frère (m)	бир тууган	bir tuugan
frère (m) aîné	байке	bajke
frère (m) cadet	ини	ini
sœur (f)	бир тууган	bir tuugan
sœur (f) aînée	эже	edʒe
sœur (f) cadette	синди	siŋdi
cousin (m)	атасы же энеси бир тууган	atası dʒe enesi bir tuugan
cousine (f)	атасы же энеси бир тууган	atası dʒe enesi bir tuugan
maman (f)	апа	apa
papa (m)	ата	ata
parents (m pl)	ата-эне	ata-ene
enfant (m, f)	бала	bala
enfants (pl)	балдар	baldar
grand-mère (f)	чоң апа	tʃoŋ apa

grand-père (m)	чоң ата	tʃoŋ ata
petit-fils (m)	небере бала	nebere bala
petite-fille (f)	небере кыз	nebere kɯz
petits-enfants (pl)	неберелер	nebereler

oncle (m)	таяке	tajake
tante (f)	таяже	tajadʒe
neveu (m)	ини	ini
nièce (f)	жээн	dʒeen

belle-mère (f)	кайын эне	kajɯn ene
beau-père (m)	кайын ата	kajɯn ata
gendre (m)	күйөө бала	kyjøø bala
belle-mère (f)	өгөй эне	øgøj ene
beau-père (m)	өгөй ата	øgøj ata

nourrisson (m)	эмчектеги бала	emtʃektegi bala
bébé (m)	ымыркай	ɯmɯrkaj
petit (m)	бөбөк	bøbøk

femme (f)	аял	ajal
mari (m)	эр	er
époux (m)	күйөө	kyjøø
épouse (f)	зайып	zajɯp

marié (adj)	аялы бар	ajalɯ bar
mariée (adj)	күйөөдө	kyjøødø
célibataire (adj)	бойдок	bojdok
célibataire (m)	бойдок	bojdok
divorcé (adj)	ажырашкан	adʒɯraʃkan
veuve (f)	жесир	dʒesir
veuf (m)	жесир	dʒesir

parent (m)	тууган	tuugan
parent (m) proche	жакын тууган	dʒakɯn tuugan
parent (m) éloigné	алыс тууган	alɯs tuugan
parents (m pl)	бир тууган	bir tuugan

orphelin (m), orpheline (f)	жетим	dʒetim
tuteur (m)	камкорчу	kamkortʃu
adopter (un garçon)	уул кылып асырап алуу	uul kɯlɯp asɯrap aluu
adopter (une fille)	кыз кылып асырап алуу	kɯz kɯlɯp asɯrap aluu

La médecine

47. Les maladies

maladie (f)	оору	ooru
être malade	ооруу	ooruu
santé (f)	ден-соолук	den-sooluk

rhume (m) (coryza)	мурдунан суу агуу	murdunan suu aguu
angine (f)	ангина	angina
refroidissement (m)	суук тийүү	suuk tijyy
prendre froid	суук тийгизип алуу	suuk tijgizip aluu

bronchite (f)	бронхит	bronχit
pneumonie (f)	кабыргадан сезгенүү	kabırgadan sezgenyy
grippe (f)	сасык тумоо	sasık tumoo

myope (adj)	алыстан көрө албоо	alıstan kørø alboo
presbyte (adj)	жакындан көрө албоо	dʒakından kørø alboo
strabisme (m)	кылый көздүүлүк	kılıj køzdyylyk
strabique (adj)	кылый көздүүлүк	kılıj køzdyylyk
cataracte (f)	челкөз	tʃelkøz
glaucome (m)	глаукома	glaukoma

insulte (f)	мээге кан куюлуу	meege kan kujuluu
crise (f) cardiaque	инфаркт	infarkt
infarctus (m) de myocarde	инфаркт миокарда	infarkt miokarda
paralysie (f)	шал	ʃal
paralyser (vt)	шал болуу	ʃal boluu

allergie (f)	аллергия	allergija
asthme (m)	астма	astma
diabète (m)	диабет	diabet

mal (m) de dents	тиш оорусу	tiʃ oorusu
carie (f)	кариес	karies

diarrhée (f)	ич өткү	itʃ øtky
constipation (f)	ич катуу	itʃ katuu
estomac (m) barbouillé	ич бузулгандык	itʃ buzulgandık
intoxication (f) alimentaire	уулануу	uulanuu
être intoxiqué	ууланүү	uulanuu

arthrite (f)	артрит	artrit
rachitisme (m)	итий	itij
rhumatisme (m)	кызыл жүгүрүк	kızıl dʒygyryk
athérosclérose (f)	атеросклероз	ateroskleroz

gastrite (f)	карын сезгенүүсү	karın sezgenyysu
appendicite (f)	аппендицит	appenditsit

cholécystite (f)	холецистит	χoletsistit
ulcère (m)	жара	dʒara
rougeole (f)	кызылча	kızıltʃa
rubéole (f)	кызамык	kızamık
jaunisse (f)	сарык	sarık
hépatite (f)	гепатит	gepatit
schizophrénie (f)	шизофрения	ʃizofrenija
rage (f) (hydrophobie)	кутурма	kuturma
névrose (f)	невроз	nevroz
commotion (f) cérébrale	мээнин чайкалышы	meenin tʃajkalıʃı
cancer (m)	рак	rak
sclérose (f)	склероз	skleroz
sclérose (f) en plaques	жайылган склероз	dʒajılgan skleroz
alcoolisme (m)	аракечтик	araketʃtik
alcoolique (m)	аракеч	araketʃ
syphilis (f)	котон жара	koton dʒara
SIDA (m)	СПИД	spid
tumeur (f)	шишик	ʃiʃik
maligne (adj)	залалдуу	zalalduu
bénigne (adj)	залалсыз	zalalsız
fièvre (f)	безгек	bezgek
malaria (f)	безгек	bezgek
gangrène (f)	кабыз	kabız
mal (m) de mer	деңиз оорусу	deŋiz oorusu
épilepsie (f)	талма	talma
épidémie (f)	эпидемия	epidemija
typhus (m)	келте	kelte
tuberculose (f)	кургак учук	kurgak utʃuk
choléra (m)	холера	χolera
peste (f)	кара тумоо	kara tumoo

48. Les symptômes. Le traitement. Partie 1

symptôme (m)	белги	belgi
température (f)	дене табынын көтөрүлүшү	dene tabının kötörylyʃy
fièvre (f)	жогорку температура	dʒogorku temperatura
pouls (m)	тамыр кагышы	tamır kagıʃı
vertige (m)	баш айлануу	baʃ ajlanuu
chaud (adj)	ысык	ısık
frisson (m)	чыйрыгуу	tʃıjrıguu
pâle (adj)	купкуу	kupkuu
toux (f)	жөтөл	dʒøtøl
tousser (vi)	жөтөлүү	dʒøtølyy
éternuer (vi)	чүчкүрүү	tʃytʃkyryy

évanouissement (m)	эси оо	esi oo
s'évanouir (vp)	эси ооп жыгылуу	esi oop dʒıgıluu
bleu (m)	көк-ала	køk-ala
bosse (f)	шишик	ʃiʃik
se heurter (vp)	урунуп алуу	urunup aluu
meurtrissure (f)	көгөртүп алуу	køgørtyp aluu
se faire mal	көгөртүп алуу	køgørtyp aluu
boiter (vi)	аксоо	aksoo
foulure (f)	муундун чыгып кетүүсү	muundun tʃıgıp ketyysy
se démettre (l'épaule, etc.)	чыгарып алуу	tʃıgarıp aluu
fracture (f)	сынуу	sınuu
avoir une fracture	сындырып алуу	sındırıp aluu
coupure (f)	кесилген жер	kesilgen dʒer
se couper (~ le doigt)	кесип алуу	kesip aluu
hémorragie (f)	кан кетүү	kan ketyy
brûlure (f)	күйүк	kyjyk
se brûler (vp)	күйгүзүп алуу	kyjgyzyp aluu
se piquer (le doigt)	саюу	sajuu
se piquer (vp)	сайып алуу	sajıp aluu
blesser (vt)	кокустатып алуу	kokustatıp aluu
blessure (f)	кокустатып алуу	kokustatıp aluu
plaie (f) (blessure)	жара	dʒara
trauma (m)	жаракат	dʒarakat
délirer (vi)	жөлүү	dʒølyy
bégayer (vi)	кекечтенүү	keketʃtenyy
insolation (f)	күн өтүү	kyn øtyy

49. Les symptômes. Le traitement. Partie 2

douleur (f)	оору	ooru
écharde (f)	тикен	tiken
sueur (f)	тер	ter
suer (vi)	тердөө	terdøø
vomissement (m)	кусуу	kusuu
spasmes (m pl)	тарамыш карышуусу	taramıʃ karıʃuusu
enceinte (adj)	кош бойлуу	koʃ bojluu
naître (vi)	төрөлүү	tørølyy
accouchement (m)	төрөт	tørøt
accoucher (vi)	төрөө	tørøø
avortement (m)	бойдон түшүрүү	bojdon tyʃyryy
respiration (f)	дем алуу	dem aluu
inhalation (f)	дем алуу	dem aluu
expiration (f)	дем чыгаруу	dem tʃıgaruu
expirer (vi)	дем чыгаруу	dem tʃıgaruu
inspirer (vi)	дем алуу	dem aluu

invalide (m)	майып	majıp
handicapé (m)	мунжу	mundʒu
drogué (m)	баңги	baŋgi

sourd (adj)	дүлөй	dyløj
muet (adj)	дудук	duduk
sourd-muet (adj)	дудук	duduk

fou (adj)	жин тийген	dʒin tijgen
fou (m)	жинди чалыш	dʒindi tʃalıʃ
folle (f)	жинди чалыш	dʒindi tʃalıʃ
devenir fou	мээси айныган	meesi ajnıgan

gène (m)	ген	gen
immunité (f)	иммунитет	immunitet
héréditaire (adj)	тукум куучулук	tukum kuutʃuluk
congénital (adj)	тубаса	tubasa

virus (m)	вирус	virus
microbe (m)	микроб	mikrob
bactérie (f)	бактерия	bakterija
infection (f)	жугуштуу илдет	dʒuguʃtuu ildet

50. Les symptômes. Le traitement. Partie 3

hôpital (m)	оорукана	oorukana
patient (m)	бейтап	bejtap

diagnostic (m)	дарт аныктоо	dart anıktoo
cure (f) (faire une ~)	дарылоо	darıloo
traitement (m)	дарылоо	darıloo
se faire soigner	дарылануу	darılanuu
traiter (un patient)	дарылоо	darıloo
soigner (un malade)	кароо	karoo
soins (m pl)	кароо	karoo

opération (f)	операция	operatsija
panser (vt)	жараны таңуу	dʒaranı taŋuu
pansement (m)	таңуу	taŋuu

vaccination (f)	эмдөө	emdøø
vacciner (vt)	эмдөө	emdøø
piqûre (f)	ийне салуу	ijne saluu
faire une piqûre	ийне сайдыруу	ijne sajdıruu

crise, attaque (f)	оору кармап калуу	ooru karmap kaluu
amputation (f)	кесүү	kesyy
amputer (vt)	кесип таштоо	kesip taʃtoo
coma (m)	кома	koma
être dans le coma	комада болуу	komada boluu
réanimation (f)	реанимация	reanimatsija

se rétablir (vp)	сакаюу	sakajuu
état (m) (de santé)	абал	abal

conscience (f)	эсинде	esinde
mémoire (f)	эс тутум	es tutum
arracher (une dent)	тишти жулуу	tiʃti dʒuluu
plombage (m)	пломба	plomba
plomber (vt)	пломба салуу	plomba saluu
hypnose (f)	гипноз	gipnoz
hypnotiser (vt)	гипноз кылуу	gipnoz kıluu

51. Les médecins

médecin (m)	доктур	doktur
infirmière (f)	медсестра	medsestra
médecin (m) personnel	жекелик доктур	dʒekelik doktur
dentiste (m)	тиш доктур	tiʃ doktur
ophtalmologiste (m)	көз доктур	køz doktur
généraliste (m)	терапевт	terapevt
chirurgien (m)	хирург	χirurg
psychiatre (m)	психиатр	psiχiatr
pédiatre (m)	педиатр	pediatr
psychologue (m)	психолог	psiχolog
gynécologue (m)	гинеколог	ginekolog
cardiologue (m)	кардиолог	kardiolog

52. Les médicaments. Les accessoires

médicament (m)	дары-дармек	darı-darmek
remède (m)	дары	darı
prescrire (vt)	жазып берүү	dʒazıp beryy
ordonnance (f)	рецепт	retsept
comprimé (m)	таблетка	tabletka
onguent (m)	май	maj
ampoule (f)	ампула	ampula
mixture (f)	аралашма	aralaʃma
sirop (m)	сироп	sirop
pilule (f)	пилюля	pilʉlʲa
poudre (f)	күкүм	kykym
bande (f)	бинт	bint
coton (m) (ouate)	пахта	paχta
iode (m)	йод	jod
sparadrap (m)	лейкопластырь	lejkoplastırʲ
compte-gouttes (m)	дары тамызгыч	darı tamızgıtʃ
thermomètre (m)	градусник	gradusnik
seringue (f)	шприц	ʃprits
fauteuil (m) roulant	майып арабасы	majıp arabası
béquilles (f pl)	колтук таяк	koltuk tajak

anesthésique (m)	оору сездирбөөчү дары	ooru sezdirbøøʧy darı
purgatif (m)	ич алдыруучу дары	iʧ aldıruuʧu darı
alcool (m)	спирт	spirt
herbe (f) médicinale	дары чөптөр	darı ʧøptør
d'herbes (adj)	чөп чайы	ʧøp ʧajı

L'HABITAT HUMAIN

La ville

53. La ville. La vie urbaine

ville (f)	шаар	ʃaar
capitale (f)	борбор	borbor
village (m)	кыштак	kıʃtak
plan (m) de la ville	шаардын планы	ʃaardın planı
centre-ville (m)	шаардын борбору	ʃaardın borboru
banlieue (f)	шаардын чет жакасы	ʃaardın tʃet dʒakası
de banlieue (adj)	шаардын чет жакасындагы	ʃaardın tʃet dʒakasındagı
périphérie (f)	чет-жака	tʃet-dʒaka
alentours (m pl)	чет-жака	tʃet-dʒaka
quartier (m)	квартал	kvartal
quartier (m) résidentiel	турак-жай кварталы	turak-dʒaj kvartalı
trafic (m)	көчө кыймылы	køtʃø kıjmılı
feux (m pl) de circulation	светофор	svetofor
transport (m) urbain	шаар транспорту	ʃaar transportu
carrefour (m)	кесилиш	kesiliʃ
passage (m) piéton	жөө жүрүүчүлөр жолу	dʒøø dʒyryytʃylør dʒolu
passage (m) souterrain	жер астындагы жол	dʒer astındagı dʒol
traverser (vt)	жолду өтүү	dʒoldu øtyy
piéton (m)	жөө жүрүүчү	dʒøø dʒyryytʃy
trottoir (m)	жанжол	dʒandʒol
pont (m)	көпүрө	køpyrø
quai (m)	жээк жол	dʒeek dʒol
fontaine (f)	фонтан	fontan
allée (f)	аллея	alleja
parc (m)	сейил багы	sejil bagı
boulevard (m)	бульвар	bulʲvar
place (f)	аянт	ajant
avenue (f)	проспект	prospekt
rue (f)	көчө	køtʃø
ruelle (f)	чолок көчө	tʃolok køtʃø
impasse (f)	туюк көчө	tujuk køtʃø
maison (f)	үй	yj
édifice (m)	имарат	imarat
gratte-ciel (m)	көк тиреген көп кабаттуу үй	køk tiregen køp kabattuu yj

façade (f)	үйдүн алды	yjdyn aldı
toit (m)	чатыр	tʃatır
fenêtre (f)	терезе	tereze
arc (m)	түркүк	tyrkyk
colonne (f)	мамы	mamı
coin (m)	бурч	burtʃ

vitrine (f)	керсетме айнек укек	kørsøtmø ajnek ykøk
enseigne (f)	кернек	kørnøk
affiche (f)	афиша	afiʃa
affiche (f) publicitaire	кернек-жарнак	kørnøk-dʒarnak
panneau-réclame (m)	жарнамалык такта	dʒarnamalık takta

ordures (f pl)	таштанды	taʃtandı
poubelle (f)	таштанды челек	taʃtandı tʃelek
jeter à terre	таштоо	taʃtoo
décharge (f)	таштанды үйүлгөн жер	taʃtandı yjylgøn dʒer

cabine (f) téléphonique	телефон будкасы	telefon budkası
réverbère (m)	чырак мамы	tʃırak mamı
banc (m)	отургуч	oturgutʃ

policier (m)	полиция кызматкери	politsija kızmatkeri
police (f)	полиция	politsija
clochard (m)	кайырчы	kajırtʃı
sans-abri (m)	селсаяк	selsajak

54. Les institutions urbaines

magasin (m)	дүкөн	dykøn
pharmacie (f)	дарыкана	darıkana
opticien (m)	оптика	optika
centre (m) commercial	соода борбору	sooda borboru
supermarché (m)	супермаркет	supermarket

boulangerie (f)	нан дүкөнү	nan dykøny
boulanger (m)	навайчы	navajtʃı
pâtisserie (f)	кондитердик дүкөн	konditerdik dykøn
épicerie (f)	азык-түлүк	azık-tylyk
boucherie (f)	эт дүкөнү	et dykøny

magasin (m) de légumes	жашылча дүкөнү	dʒaʃıltʃa dykøny
marché (m)	базар	bazar

salon (m) de café	кофекана	kofekana
restaurant (m)	ресторан	restoran
brasserie (f)	сыракана	sırakana
pizzeria (f)	пиццерия	pitserija

salon (m) de coiffure	чач тарач	tʃatʃ taratʃ
poste (f)	почта	potʃta
pressing (m)	химиялык тазалоо	ximijalık tazaloo
atelier (m) de photo	фотоателье	fotoatelje
magasin (m) de chaussures	бут кийим дүкөнү	but kijim dykøny

librairie (f)	китеп дүкөнү	kitep dykøny
magasin (m) d'articles de sport	спорт буюмдар дүкөнү	sport bujumdar dykøny
atelier (m) de retouche	кийим ондоочу жай	kijim ondootʃu dʒaj
location (f) de vêtements	кийимди ижарага берүү	kijimdi idʒaraga beryy
location (f) de films	тасмаларды ижарага берүү	tasmalardı idʒaraga beryy
cirque (m)	цирк	tsırk
zoo (m)	зоопарк	zoopark
cinéma (m)	кинотеатр	kinoteatr
musée (m)	музей	muzej
bibliothèque (f)	китепкана	kitepkana
théâtre (m)	театр	teatr
opéra (m)	опера	opera
boîte (f) de nuit	түнкү клуб	tynky klub
casino (m)	казино	kazino
mosquée (f)	мечит	metʃit
synagogue (f)	синагога	sinagoga
cathédrale (f)	чоң чиркөө	tʃoŋ tʃirkøø
temple (m)	ибадаткана	ibadatkana
église (f)	чиркөө	tʃirkøø
institut (m)	коллеж	kolledʒ
université (f)	университет	universitet
école (f)	мектеп	mektep
préfecture (f)	префектура	prefektura
mairie (f)	мэрия	merija
hôtel (m)	мейманкана	mejmankana
banque (f)	банк	bank
ambassade (f)	элчилик	eltʃilik
agence (f) de voyages	турагенттиги	turagenttigi
bureau (m) d'information	маалымат бюросу	maalımat burosu
bureau (m) de change	алмаштыруу пункту	almaʃtıruu punktu
métro (m)	метро	metro
hôpital (m)	оорукана	oorukana
station-service (f)	май куюучу станция	maj kujuutʃu stantsija
parking (m)	унаа токтоочу жай	unaa toktootʃu dʒaj

55. Les enseignes. Les panneaux

enseigne (f)	көрнөк	kørnøk
pancarte (f)	жазуу	dʒazuu
poster (m)	көрнөк	kørnøk
indicateur (m) de direction	көрсөткүч	kørsøtkytʃ
flèche (f)	жебе	dʒebe
avertissement (m)	экертме	ekertme
panneau d'avertissement	эскертүү белгиси	eskertyy belgisi

avertir (vt)	эскертүү	eskertyy
jour (m) de repos	дем алыш күн	dem alıʃ kyn
horaire (m)	ырааттама	ıraattama
heures (f pl) d'ouverture	иш сааттары	iʃ saattarı
BIENVENUE!	КОШ КЕЛИҢИЗДЕР!	koʃ keliŋizder!
ENTRÉE	КИРҮҮ	kiryy
SORTIE	ЧЫГУУ	tʃıguu
POUSSER	ӨЗҮҢҮЗДӨН ТҮРТҮҢҮЗ	øzyŋyzdøn tyrtyŋyz
TIRER	ӨЗҮҢҮЗГӨ ТАРТЫҢЫЗ	øzyŋyzgø tartıŋız
OUVERT	АЧЫК	atʃık
FERMÉ	ЖАБЫК	dʒabık
FEMMES	АЙЫМДАР ҮЧҮН	ajımdar ytʃyn
HOMMES	ЭРКЕКТЕР ҮЧҮН	erkekter ytʃyn
RABAIS	АРЗАНДАТУУЛАР	arzandatuular
SOLDES	САТЫП ТҮГӨТҮҮ	satıp tygøtyy
NOUVEAU!	СААМАЛЫК!	saamalık!
GRATUIT	БЕКЕР	beker
ATTENTION!	КӨҢҮЛ БУРУҢУЗ!	køŋyl buruŋuz!
COMPLET	ОРУН ЖОК	orun dʒok
RÉSERVÉ	КАМДЫК БУЙРУТМАЛАГАН	kamdık bujrutmalagan
ADMINISTRATION	АДМИНИСТРАЦИЯ	administratsija
RÉSERVÉ AU PERSONNEL	ЖААМАТ ҮЧҮН ГАНА	dʒaamat ytʃyn gana
ATTENTION CHIEN MÉCHANT	КАБАНААК ИТ	kabanaak it
DÉFENSE DE FUMER	ТАМЕКИ ЧЕГҮҮГӨ БОЛБОЙТ!	tameki tʃegyygø bolbojt!
PRIÈRE DE NE PAS TOUCHER	КОЛУҢАР МЕНЕН КАРМАБАГЫЛА!	koluŋar menen karmabagıla!
DANGEREUX	КООПТУУ	kooptuu
DANGER	КОРКУНУЧ	korkunutʃ
HAUTE TENSION	ЖОГОРКУ ЧЫҢАЛУУ	dʒogorku tʃıŋaluu
BAIGNADE INTERDITE	СУУГА ТҮШҮҮГӨ БОЛБОЙТ	suuga tyʃyygø bolbojt
HORS SERVICE	ИШТЕБЕЙТ	iʃtebejt
INFLAMMABLE	ӨРТ ЧЫГУУ КОРКУНУЧУ	ørt tʃıguu korkunutʃu
INTERDIT	ТЫЮУ САЛЫНГАН	tıjuu salıngan
PASSAGE INTERDIT	ӨТҮҮГӨ БОЛБОЙТ	øtyygø bolbojt
PEINTURE FRAÎCHE	СЫРДАЛГАН	sırdalgan

56. Les transports en commun

autobus (m)	автобус	avtobus
tramway (m)	трамвай	tramvaj
trolleybus (m)	троллейбус	trollejbus

itinéraire (m)	каттам	kattam
numéro (m)	номер	nomer
prendre ...	... жүрүү	... dʒyryy
monter (dans l'autobus)	... отуруу	... oturuu
descendre de ...	... түшүп калуу	... tyʃyp kaluu
arrêt (m)	аялдама	ajaldama
arrêt (m) prochain	кийинки аялдама	kijinki ajaldama
terminus (m)	акыркы аялдама	akırkı ajaldama
horaire (m)	ырааттама	ıraattama
attendre (vt)	күтүү	kytyy
ticket (m)	билет	bilet
prix (m) du ticket	билеттин баасы	bilettin baası
caissier (m)	кассир	kassir
contrôle (m) des tickets	текшерүү	tekʃeryy
contrôleur (m)	текшерүүчү	tekʃeryytʃy
être en retard	кечигүү	ketʃigyy
rater (~ le train)	кечигип калуу	ketʃigip kaluu
se dépêcher	шашуу	ʃaʃuu
taxi (m)	такси	taksi
chauffeur (m) de taxi	такси айдоочу	taksi ajdootʃu
en taxi	таксиде	takside
arrêt (m) de taxi	такси токтоочу жай	taksi toktootʃu dʒaj
appeler un taxi	такси чакыруу	taksi tʃakıruu
prendre un taxi	такси кармоо	taksi karmoo
trafic (m)	көчө кыймылы	køtʃø kıjmılı
embouteillage (m)	тыгын	tıgın
heures (f pl) de pointe	кызуу маал	kızuu maal
se garer (vp)	токтотуу	toktotuu
garer (vt)	машынаны жайлаштыруу	maʃınanı dʒajlaʃtıruu
parking (m)	унаа токтоочу жай	unaa toktootʃu dʒaj
métro (m)	метро	metro
station (f)	бекет	beket
prendre le métro	метродо жүрүү	metrodo dʒyryy
train (m)	поезд	poezd
gare (f)	вокзал	vokzal

57. Le tourisme

monument (m)	эстелик	estelik
forteresse (f)	чеп	tʃep
palais (m)	сарай	saraj
château (m)	сепил	sepil
tour (f)	мунара	munara
mausolée (m)	күмбөз	kymbøz
architecture (f)	архитектура	arχitektura
médiéval (adj)	орто кылымдык	orto kılımdık

ancien (adj)	байыркы	bajırkı
national (adj)	улуттук	uluttuk
connu (adj)	тааныmал	taanımal

touriste (m)	турист	turist
guide (m) (personne)	гид	gid
excursion (f)	экскурсия	ekskursija
montrer (vt)	көрсөтүү	kørsøtyy
raconter (une histoire)	айтып берүү	ajtıp beryy

trouver (vt)	табуу	tabuu
se perdre (vp)	адашып кетүү	adaʃıp ketyy
plan (m) (du metro, etc.)	схема	sχema
carte (f) (de la ville, etc.)	план	plan

souvenir (m)	асембелек	asembelek
boutique (f) de souvenirs	асембелек дүкөнү	asembelek dykøny
prendre en photo	сүрөткө тартуу	syrøtkø tartuu
se faire prendre en photo	сүрөткө түшүү	syrøtkø tyʃyy

58. Le shopping

acheter (vt)	сатып алуу	satıp aluu
achat (m)	сатып алуу	satıp aluu
faire des achats	сатып алууга чыгуу	satıp aluuga tʃıguu
shopping (m)	базарчылоо	bazartʃıloo

être ouvert	иштөө	iʃtøø
être fermé	жабылуу	dʒabıluu

chaussures (f pl)	бут кийим	but kijim
vêtement (m)	кийим-кече	kijim-ketʃe
produits (m pl) de beauté	упа-эндик	upa-endik
produits (m pl) alimentaires	азык-түлүк	azık-tylyk
cadeau (m)	белек	belek

vendeur (m)	сатуучу	satuutʃu
vendeuse (f)	сатуучу кыз	satuutʃu kız

caisse (f)	касса	kassa
miroir (m)	күзгү	kyzgy
comptoir (m)	прилавок	prilavok
cabine (f) d'essayage	кийим ченөөчү бөлмө	kijim tʃenøøtʃy bølmø

essayer (robe, etc.)	кийим ченөө	kijim tʃenøø
aller bien (robe, etc.)	ылайык келүү	ılajık kelyy
plaire (être apprécié)	жактыруу	dʒaktıruu

prix (m)	баа	baa
étiquette (f) de prix	баа	baa
coûter (vt)	туруу	turuu
Combien?	Канча?	kantʃa?
rabais (m)	арзандатуу	arzandatuu
pas cher (adj)	кымбат эмес	kımbat emes

bon marché (adj)	арзан	arzan
cher (adj)	кымбат	kımbat
C'est cher	Бул кымбат	bul kımbat
location (f)	ижара	idʒara
louer (une voiture, etc.)	ижарага алуу	idʒaraga aluu
crédit (m)	насыя	nasıja
à crédit (adv)	насыяга алуу	nasıjaga aluu

59. L'argent

argent (m)	акча	aktʃa
échange (m)	алмаштыруу	almaʃtıruu
cours (m) de change	курс	kurs
distributeur (m)	банкомат	bankomat
monnaie (f)	тыйын	tıjın
dollar (m)	доллар	dollar
euro (m)	евро	evro
lire (f)	италиялык лира	italijalık lira
mark (m) allemand	немис маркасы	nemis markası
franc (m)	франк	frank
livre sterling (f)	фунт стерлинг	funt sterling
yen (m)	йена	jena
dette (f)	карыз	karız
débiteur (m)	карыздар	karızdar
prêter (vt)	карызга берүү	karızga beryy
emprunter (vt)	карызга алуу	karızga aluu
banque (f)	банк	bank
compte (m)	эсеп	esep
verser (dans le compte)	салуу	saluu
verser dans le compte	эсепке акча салуу	esepke aktʃa saluu
retirer du compte	эсептен акча чыгаруу	esepten aktʃa tʃıgaruu
carte (f) de crédit	насыя картасы	nasıja kartası
espèces (f pl)	накталай акча	naktalaj aktʃa
chèque (m)	чек	tʃek
faire un chèque	чек жазып берүү	tʃek dʒazıp beryy
chéquier (m)	чек китепчеси	tʃek kiteptʃesi
portefeuille (m)	намыян	namıjan
bourse (f)	капчык	kaptʃık
coffre fort (m)	сейф	sejf
héritier (m)	мураскер	murasker
héritage (m)	мурас	muras
fortune (f)	мүлк	mylk
location (f)	ижара	idʒara
loyer (m) (argent)	батир акысы	batir akısı
louer (prendre en location)	батирге алуу	batirge aluu

prix (m)	баа	baa
coût (m)	баа	baa
somme (f)	сумма	summa
dépenser (vt)	коротуу	korotuu
dépenses (f pl)	чыгым	tʃıgım
économiser (vt)	үнөмдөө	ynømdøø
économe (adj)	сарамжал	saramdʒal
payer (régler)	төлөө	tøløø
paiement (m)	акы төлөө	akı tøløø
monnaie (f) (rendre la ~)	кайтарылган майда акча	kajtarılgan majda aktʃa
impôt (m)	салык	salık
amende (f)	айып	ajıp
mettre une amende	айып пул салуу	ajıp pul saluu

60. La poste. Les services postaux

poste (f)	почта	potʃta
courrier (m) (lettres, etc.)	почта	potʃta
facteur (m)	кат ташуучу	kat taʃuutʃu
heures (f pl) d'ouverture	иш сааттары	iʃ saattarı
lettre (f)	кат	kat
recommandé (m)	тапшырык кат	tapʃırık kat
carte (f) postale	открытка	otkrıtka
télégramme (m)	телеграмма	telegramma
colis (m)	посылка	posılka
mandat (m) postal	акча которуу	aktʃa kotoruu
recevoir (vt)	алуу	aluu
envoyer (vt)	жөнөтүү	dʒønøtyy
envoi (m)	жөнөтүү	dʒønøtyy
adresse (f)	дарек	darek
code (m) postal	индекс	indeks
expéditeur (m)	жөнөтүүчү	dʒønøtyytʃy
destinataire (m)	алуучу	aluutʃu
prénom (m)	аты	atı
nom (m) de famille	фамилиясы	familijası
tarif (m)	тариф	tarif
normal (adj)	жөнөкөй	dʒønøkøj
économique (adj)	үнөмдүү	ynømdyy
poids (m)	салмак	salmak
peser (~ les lettres)	таразалоо	tarazaloo
enveloppe (f)	конверт	konvert
timbre (m)	марка	marka
timbrer (vt)	марка жабыштыруу	marka dʒabıʃtıruu

Le logement. La maison. Le foyer

61. La maison. L'électricité

électricité (f)	электр кубаты	elektr kubatı
ampoule (f)	чырак	tʃırak
interrupteur (m)	өчүргүч	øtʃyrgytʃ
plomb, fusible (m)	эриме сактагыч	erime saktagıtʃ

fil (m) (~ électrique)	зым	zım
installation (f) électrique	электр зымы	elektr zımı
compteur (m) électrique	электр эсептегич	elektr eseptegitʃ
relevé (m)	көрсөтүү ченем	kørsøtyy tʃenem

62. La villa et le manoir

maison (f) de campagne	шаар четиндеги үй	ʃaar tʃetindegi yj
villa (f)	вилла	villa
aile (f) (~ ouest)	канат	kanat

jardin (m)	бакча	baktʃa
parc (m)	сейил багы	sejil bagı
serre (f) tropicale	күнөскана	kynøskana
s'occuper (~ du jardin)	кароо	karoo

piscine (f)	бассейн	bassejn
salle (f) de gym	машыгуу залы	maʃıguu zalı
court (m) de tennis	теннис корту	tennis kortu
salle (f) de cinéma	кинотеатр	kinoteatr
garage (m)	гараж	garadʒ

propriété (f) privée	жеке менчик	dʒeke mentʃik
terrain (m) privé	жеке ээликте	dʒeke eelikte

avertissement (m)	эскертүү	eskertyy
panneau d'avertissement	эскертүү белгиси	eskertyy belgisi

sécurité (f)	күзөт	kyzøt
agent (m) de sécurité	кароолчу	karooltʃu
alarme (f) antivol	сигнализация	signalizatsija

63. L'appartement

appartement (m)	батир	batir
chambre (f)	бөлмө	bølmø
chambre (f) à coucher	уктоочу бөлмө	uktootʃu bølmø

salle (f) à manger	ашкана	aʃkana
salon (m)	конок үйү	konok yjy
bureau (m)	иш бөлмөсү	iʃ bølmøsy
antichambre (f)	кире бериш	kire beriʃ
salle (f) de bains	ванная	vannaja
toilettes (f pl)	дааратка́на	daaratkana
plafond (m)	шып	ʃıp
plancher (m)	пол	pol
coin (m)	бурч	burtʃ

64. Les meubles. L'intérieur

meubles (m pl)	эмерек	emerek
table (f)	стол	stol
chaise (f)	стул	stul
lit (m)	керебет	kerebet
canapé (m)	диван	divan
fauteuil (m)	олпок отургуч	olpok oturgutʃ
bibliothèque (f) (meuble)	китеп шкафы	kitep ʃkafı
rayon (m)	текче	tektʃe
armoire (f)	шкаф	ʃkaf
patère (f)	кийим илгич	kijim ilgitʃ
portemanteau (m)	кийим илгич	kijim ilgitʃ
commode (f)	комод	komod
table (f) basse	журнал столу	dʒurnal stolu
miroir (m)	күзгү	kyzgy
tapis (m)	килем	kilem
petit tapis (m)	килемче	kilemtʃe
cheminée (f)	очок	otʃok
bougie (f)	шам	ʃam
chandelier (m)	шамдал	ʃamdal
rideaux (m pl)	парда	parda
papier (m) peint	туш кагаз	tuʃ kagaz
jalousie (f)	жалюзи	dʒaldʒuzi
lampe (f) de table	стол чырагы	stol tʃıragı
applique (f)	чырак	tʃırak
lampadaire (m)	торшер	torʃer
lustre (m)	асма шам	asma ʃam
pied (m) (~ de la table)	бут	but
accoudoir (m)	чыканак такооч	tʃıkanak takootʃ
dossier (m)	жөлөнгүч	dʒøløngytʃ
tiroir (m)	суурма	suurma

65. La literie

linge (m) de lit	шейшеп	ʃejʃep
oreiller (m)	жаздык	dʒazdık
taie (f) d'oreiller	жаздык кап	dʒazdık kap
couverture (f)	жууркан	dʒuurkan
drap (m)	шейшеп	ʃejʃep
couvre-lit (m)	жапкыч	dʒapkıtʃ

66. La cuisine

cuisine (f)	ашкана	aʃkana
gaz (m)	газ	gaz
cuisinière (f) à gaz	газ плитасы	gaz plitası
cuisinière (f) électrique	электр плитасы	elektr plitası
four (m)	духовка	duχovka
four (m) micro-ondes	микротолкун меши	mikrotolkun meʃi
réfrigérateur (m)	муздаткыч	muzdatkıtʃ
congélateur (m)	тоңдургуч	toŋdurgutʃ
lave-vaisselle (m)	идиш жуучу машина	idiʃ dʒuutʃu maʃina
hachoir (m) à viande	эт туурагыч	et tuuragıtʃ
centrifugeuse (f)	шире сыккыч	ʃire sıkkıtʃ
grille-pain (m)	тостер	toster
batteur (m)	миксер	mikser
machine (f) à café	кофе кайнаткыч	kofe kajnatkıtʃ
cafetière (f)	кофе кайнатуучу идиш	kofe kajnatuutʃu idiʃ
moulin (m) à café	кофе майдалагыч	kofe majdalagıtʃ
bouilloire (f)	чайнек	tʃajnek
théière (f)	чайнек	tʃajnek
couvercle (m)	капкак	kapkak
passoire (f) à thé	чыпка	tʃıpka
cuillère (f)	кашык	kaʃık
petite cuillère (f)	чай кашык	tʃaj kaʃık
cuillère (f) à soupe	аш кашык	aʃ kaʃık
fourchette (f)	вилка	vilka
couteau (m)	бычак	bıtʃak
vaisselle (f)	идиш-аяк	idiʃ-ajak
assiette (f)	табак	tabak
soucoupe (f)	табак	tabak
verre (m) à shot	рюмка	rʉmka
verre (m) (~ d'eau)	ыстакан	ıstakan
tasse (f)	чөйчөк	tʃøjtʃøk
sucrier (m)	кум шекер салгыч	kum ʃeker salgıtʃ
salière (f)	туз салгыч	tuz salgıtʃ
poivrière (f)	мурч салгыч	murtʃ salgıtʃ

beurrier (m)	май салгыч	maj salgıtʃ
casserole (f)	мискей	miskej
poêle (f)	табак	tabak
louche (f)	чөмүч	tʃømytʃ
passoire (f)	депкир	depkir
plateau (m)	батыныс	batınıs
bouteille (f)	бөтөлкө	bøtølkø
bocal (m) (à conserves)	банка	banka
boîte (f) en fer-blanc	банка	banka
ouvre-bouteille (m)	ачкыч	atʃkıtʃ
ouvre-boîte (m)	ачкыч	atʃkıtʃ
tire-bouchon (m)	штопор	ʃtopor
filtre (m)	чыпка	tʃıpka
filtrer (vt)	чыпкалоо	tʃıpkaloo
ordures (f pl)	таштанды	taʃtandı
poubelle (f)	таштанды чака	taʃtandı tʃaka

67. La salle de bains

salle (f) de bains	ванная	vannaja
eau (f)	суу	suu
robinet (m)	чорго	tʃorgo
eau (f) chaude	ысык суу	ısık suu
eau (f) froide	муздак суу	muzdak suu
dentifrice (m)	тиш пастасы	tiʃ pastası
se brosser les dents	тиш жуу	tiʃ dʒuu
brosse (f) à dents	тиш щёткасы	tiʃ ʃtʃotkası
se raser (vp)	кырынуу	kırınuu
mousse (f) à raser	кырынуу үчүн көбүк	kırınuu ytʃyn købyk
rasoir (m)	устара	ustara
laver (vt)	жуу	dʒuu
se laver (vp)	жуунуу	dʒuunuu
douche (f)	душ	duʃ
prendre une douche	душка түшүү	duʃka tyʃyy
baignoire (f)	ванна	vanna
cuvette (f)	унитаз	unitaz
lavabo (m)	раковина	rakovina
savon (m)	самын	samın
porte-savon (m)	самын салгыч	samın salgıtʃ
éponge (f)	губка	gubka
shampooing (m)	шампунь	ʃampunʲ
serviette (f)	сүлгү	sylgy
peignoir (m) de bain	халат	χalat
lessive (f) (faire la ~)	кир жуу	kir dʒuu
machine (f) à laver	кир жуучу машина	kir dʒuutʃu maʃina

faire la lessive   кир жуу   kir dʒuu
lessive (f) (poudre)   кир жуучу порошок   kir dʒuutʃu poroʃok

68. Les appareils électroménagers

téléviseur (m)	сыналгы	sınalgı
magnétophone (m)	магнитофон	magnitofon
magnétoscope (m)	видеомагнитофон	videomagnitofon
radio (f)	үналгы	ynalgı
lecteur (m)	плеер	pleer
vidéoprojecteur (m)	видеопроектор	videoproektor
home cinéma (m)	үй кинотеатры	yj kinoteatrı
lecteur DVD (m)	DVD ойноткуч	dividi ojnotkutʃ
amplificateur (m)	күчөткүч	kytʃøtkytʃ
console (f) de jeux	оюн приставкасы	ojʉn pristavkası
caméscope (m)	видеокамера	videokamera
appareil (m) photo	фотоаппарат	fotoapparat
appareil (m) photo numérique	санарип камерасы	sanarip kamerası
aspirateur (m)	чаң соргуч	tʃaŋ sorgutʃ
fer (m) à repasser	үтүк	ytyk
planche (f) à repasser	үтүктөөчү тактай	ytyktøøtʃy taktaj
téléphone (m)	телефон	telefon
portable (m)	мобилдик	mobildik
machine (f) à écrire	машинка	maʃinka
machine (f) à coudre	кийим тигүүчү машинка	kijim tigyytʃy maʃinka
micro (m)	микрофон	mikrofon
écouteurs (m pl)	кулакчын	kulaktʃın
télécommande (f)	пульт	pulʲt
CD (m)	CD, компакт-диск	sidi, kompakt-disk
cassette (f)	кассета	kasseta
disque (m) (vinyle)	пластинка	plastinka

LES ACTIVITÉS HUMAINS

Le travail. Les affaires. Partie 1

69. Le bureau. La vie de bureau

bureau (m) (établissement)	офис	ofis
bureau (m) (au travail)	кабинет	kabinet
accueil (m)	кабыл алуу катчысы	kabıl aluu kattʃısı
secrétaire (m)	катчы	kattʃı
secrétaire (f)	катчы аял	kattʃı ajal
directeur (m)	директор	direktor
manager (m)	башкаруучу	baʃkaruutʃu
comptable (m)	бухгалтер	buχgalter
collaborateur (m)	кызматкер	kızmatker
meubles (m pl)	эмерек	emerek
bureau (m)	стол	stol
fauteuil (m)	кресло	kreslo
classeur (m) à tiroirs	үкөк	ykøk
portemanteau (m)	кийим илгич	kijim ilgitʃ
ordinateur (m)	компьютер	kompjʉter
imprimante (f)	принтер	printer
fax (m)	факс	faks
copieuse (f)	көчүрүүчү аппарат	køtʃyryytʃy apparat
papier (m)	кагаз	kagaz
papeterie (f)	кеңсе буюмдары	keŋse bujʉmdarı
tapis (m) de souris	килемче	kilemtʃe
feuille (f)	баракча	baraktʃa
classeur (m)	папка	papka
catalogue (m)	каталог	katalog
annuaire (m)	абоненттердин тизмеси	abonentterdin tizmesi
documents (m pl)	документтер	dokumentter
brochure (f)	китепче	kiteptʃe
prospectus (m)	баракча	baraktʃa
échantillon (m)	үлгү	ylgy
formation (f)	окутуу	okutuu
réunion (f)	кеңеш	keŋeʃ
pause (f) déjeuner	түшкү танапис	tyʃky tanapis
faire une copie	көчүрмө алуу	køtʃyrmø aluu
faire des copies	көбөйтүү	købøjtyy
recevoir un fax	факс алуу	faks aluu
envoyer un fax	факс жөнөтүү	faks dʒønøtyy

téléphoner, appeler	чалуу	tʃaluu
répondre (vi, vt)	жооп берүү	dʒoop beryy
passer (au téléphone)	байланыштыруу	bajlanıʃtıruu
fixer (rendez-vous)	уюштуруу	ujuʃturuu
montrer (un échantillon)	көрсөтүү	kørsøtyy
être absent	келбей калуу	kelbej kaluu
absence (f)	барбай калуу	barbaj kaluu

70. Les processus d'affaires. Partie 1

affaire (f) (business)	иш	iʃ
métier (m)	жумуш	dʒumuʃ
firme (f), société (f)	фирма	firma
compagnie (f)	компания	kompanija
corporation (f)	корпорация	korporatsija
entreprise (f)	ишкана	iʃkana
agence (f)	агенттик	agenttik
accord (m)	келишим	keliʃim
contrat (m)	контракт	kontrakt
marché (m) (accord)	бүтүм	bytym
commande (f)	буйрутма	bujrutma
terme (m) (~ du contrat)	шарт	ʃart
en gros (adv)	дүнү менен	dyŋy menen
en gros (adj)	дүңүнөн	dyŋynøn
vente (f) en gros	дүң соода	dyŋ sooda
au détail (adj)	чекене	tʃekene
vente (f) au détail	чекене соода	tʃekene sooda
concurrent (m)	атаандаш	ataandaʃ
concurrence (f)	атаандаштык	ataandaʃtık
concurrencer (vt)	атаандашуу	ataandaʃuu
associé (m)	өнөктөш	ønøktøʃ
partenariat (m)	өнөктөштүк	ønøktøʃtyk
crise (f)	каатчылык	kaattʃılık
faillite (f)	кудуретсиздик	kuduretsizdik
faire faillite	кудуретсиз калуу	kuduretsiz kaluu
difficulté (f)	кыйынчылык	kıjıntʃılık
problème (m)	кейгей	køjgøj
catastrophe (f)	киши кербөсүн	kiʃi kørbøsyn
économie (f)	экономика	ekonomika
économique (adj)	экономикалык	ekonomikalık
baisse (f) économique	экономикалык төмөндөө	ekonomikalık tømøndøø
but (m)	максат	maksat
objectif (m)	маселе	masele
faire du commerce	соодалашуу	soodalaʃuu
réseau (m) (de distribution)	тармак	tarmak

inventaire (m) (stocks)	кампа	kampa
assortiment (m)	ассортимент	assortiment
leader (m)	алдыңкы катардагы	aldıŋkı katardagı
grande (~ entreprise)	ири	iri
monopole (m)	монополия	monopolija
théorie (f)	теория	teorija
pratique (f)	тажрыйба	tadʒrıjba
expérience (f)	тажрыйба	tadʒrıjba
tendance (f)	умтулуу	umtuluu
développement (m)	өнүгүү	ønygyy

71. Les processus d'affaires. Partie 2

rentabilité (m)	пайда	pajda
rentable (adj)	майнаптуу	majnaptuu
délégation (f)	делегация	delegatsija
salaire (m)	кызмат акы	kızmat akı
corriger (une erreur)	түзөтүү	tyzøtyy
voyage (m) d'affaires	иш сапар	iʃ sapar
commission (f)	комиссия	komissija
contrôler (vt)	башкаруу	baʃkaruu
conférence (f)	иш жыйын	iʃ dʒıjın
licence (f)	лицензия	litsenzija
fiable (partenaire ~)	ишеничтүү	iʃenitʃtyy
initiative (f)	демилге	demilge
norme (f)	стандарт	standart
circonstance (f)	жагдай	dʒagdaj
fonction (f)	милдет	mildet
entreprise (f)	уюм	ujʉm
organisation (f)	уюштуруу	ujʉʃturuu
organisé (adj)	уюштурулган	ujʉʃturulgan
annulation (f)	токтотуу	toktotuu
annuler (vt)	жокко чыгаруу	dʒokko tʃıgaruu
rapport (m)	отчет	ottʃet
brevet (m)	патент	patent
breveter (vt)	патентөө	patentøø
planifier (vt)	пландаштыруу	plandaʃtıruu
prime (f)	сыйлык	sıjlık
professionnel (adj)	кесипкөй	kesipkøj
procédure (f)	тартип	tartip
examiner (vt)	карап чыгуу	karap tʃıguu
calcul (m)	эсеп-кысап	esep-kısap
réputation (f)	аброй	abroj
risque (m)	тобокел	tobokel
diriger (~ une usine)	башкаруу	baʃkaruu

renseignements (m pl)	маалымат	maalımat
propriété (f)	менчик	mentʃik
union (f)	бирикме	birikme
assurance vie (f)	жашоону камсыздандыруу	dʒaʃoonu kamsızdandıruu
assurer (vt)	камсыздандыруу	kamsızdandıruu
assurance (f)	камсыздандыруу	kamsızdandıruu
enchères (f pl)	тоорук	tooruk
notifier (informer)	билдирүү	bildiryy
gestion (f)	башкаруу	baʃkaruu
service (m)	кызмат	kızmat
forum (m)	форум	forum
fonctionner (vi)	иш-милдетти аткаруу	iʃ-mildetti atkaruu
étape (f)	кадам	kadam
juridique (services ~s)	укуктуу	ukuktuu
juriste (m)	юрист	jʉrist

72. L'usine. La production

usine (f)	завод	zavod
fabrique (f)	фабрика	fabrika
atelier (m)	цех	tseχ
site (m) de production	өндүрүш	øndyryʃ
industrie (f)	өнөр-жай	ønør-dʒaj
industriel (adj)	өнөр-жай	ønør-dʒaj
industrie (f) lourde	оор өнөр-жай	oor ønør-dʒaj
industrie (f) légère	жеңил өнөр-жай	dʒeŋil ønør-dʒaj
produit (m)	өндүрүм	øndyrym
produire (vt)	өндүрүү	øndyryy
matières (f pl) premières	чийки зат	tʃijki zat
chef (m) d'équipe	бригадир	brigadir
équipe (f) d'ouvriers	бригада	brigada
ouvrier (m)	жумушчу	dʒumuʃtʃu
jour (m) ouvrable	иш күнү	iʃ kyny
pause (f) (repos)	тыныгуу	tınıguu
réunion (f)	чогулуш	tʃoguluʃ
discuter (vt)	талкуулоо	talkuuloo
plan (m)	план	plan
accomplir le plan	планды аткаруу	plandı atkaruu
norme (f) de production	иштеп чыгаруу коюму	iʃtep tʃıgaruu kojʉmu
qualité (f)	сапат	sapat
contrôle (m)	текшерүү	tekʃeryy
contrôle (m) qualité	сапат текшерүү	sapat tekʃeryy
sécurité (f) de travail	эмгек коопсуздугу	emgek koopsuzdugu
discipline (f)	тартип	tartip

infraction (f)	бузуу	buzuu
violer (les règles)	бузуу	buzuu

grève (f)	ишти калтыруу	iʃti kaltıruu
gréviste (m)	иш калтыргыч	iʃ kaltırgıtʃ
faire grève	ишти калтыруу	iʃti kaltıruu
syndicat (m)	профсоюз	profsojʉz

inventer (machine, etc.)	ойлоп табуу	ojlop tabuu
invention (f)	ойлоп табылган нерсе	ojlop tabılgan nerse
recherche (f)	изилдөө	izildøø
améliorer (vt)	жакшыртуу	dʒakʃırtuu
technologie (f)	технология	texnologija
dessin (m) technique	чийме	tʃijme

charge (f) (~ de 3 tonnes)	жүк	dʒyk
chargeur (m)	жүк ташуучу	dʒyk taʃuutʃu
charger (véhicule, etc.)	жүктөө	dʒyktøø
chargement (m)	жүктөө	dʒyktøø
décharger (vt)	жүк түшүрүү	dʒyk tyʃuryy
déchargement (m)	жүк түшүрүү	dʒyk tyʃyryy

transport (m)	транспорт	transport
compagnie (f) de transport	транспорттук компания	transporttuk kompanija
transporter (vt)	транспорт менен ташуу	transport menen taʃuu

wagon (m) de marchandise	вагон	vagon
citerne (f)	цистерна	tsısterna
camion (m)	жүк ташуучу машина	dʒyk taʃuutʃu maʃina

machine-outil (f)	станок	stanok
mécanisme (m)	механизм	mexanizm

déchets (m pl)	таштандылар	taʃtandılar
emballage (m)	таңгактоо	taŋgaktoo
emballer (vt)	таңгактоо	taŋgaktoo

73. Le contrat. L'accord

contrat (m)	контракт	kontrakt
accord (m)	макулдашуу	makuldaʃuu
annexe (f)	тиркеме	tirkeme

signer un contrat	контракт түзүү	kontrakt tyzyy
signature (f)	кол тамга	kol tamga
signer (vt)	кол коюу	kol kojʉu
cachet (m)	мөөр	møør

objet (m) du contrat	келишимдин предмети	keliʃimdin predmeti
clause (f)	пункт	punkt
côtés (m pl)	тараптар	taraptar
adresse (f) légale	юридикалык дарек	jʉridikalık darek
violer l'accord	контрактты бузуу	kontraktı buzuu
obligation (f)	милдеттенме	mildettenme

responsabilité (f)   жоопкерчилик   dʒoopkertʃilik
force (f) majeure   форс-мажор   fors-madʒor
litige (m)   талаш   talaʃ
pénalités (f pl)   жаза чаралары   dʒaza tʃaraları

74. L'importation. L'exportation

importation (f)	импорт	import
importateur (m)	импорттоочу	importtootʃu
importer (vt)	импорттоо	importtoo
d'importation	импорт	import
exportation (f)	экспорт	eksport
exportateur (m)	экспорттоочу	eksporttootʃu
exporter (vt)	экспорттоо	eksporttoo
d'exportation (adj)	экспорт	eksport
marchandise (f)	товар	tovar
lot (m) de marchandises	жүк тобу	dʒyk tobu
poids (m)	салмак	salmak
volume (m)	көлөм	køløm
mètre (m) cube	куб метр	kub metr
producteur (m)	өндүрүүчү	øndyryytʃy
compagnie (f) de transport	транспорттук компания	transporttuk kompanija
container (m)	контейнер	kontejner
frontière (f)	чек ара	tʃek ara
douane (f)	бажыкана	badʒıkana
droit (m) de douane	бажы салык	badʒı salık
douanier (m)	бажы кызматкери	badʒı kızmatkeri
contrebande (f) (trafic)	контрабанда	kontrabanda
contrebande (f)	контрабанда	kontrabanda

75. La finance

action (f)	акция	aktsija
obligation (f)	баалуу кагаздар	baaluu kagazdar
lettre (f) de change	вексель	vekselʲ
bourse (f)	биржа	birdʒa
cours (m) d'actions	акциялар курсу	aktsijalar kursu
baisser (vi)	арзандоо	arzandoo
augmenter (vi) (prix)	кымбаттоо	kımbattoo
part (f)	үлүш	ylyʃ
participation (f) de contrôle	башкаруучу пакет	baʃkaruutʃu paket
investissements (m pl)	салым	salım
investir (vt)	салым кылуу	salım kıluu

| pour-cent (m) | пайыз | pajız |
| intérêts (m pl) | пайыз менен пайда | pajız menen pajda |

profit (m)	пайда	pajda
profitable (adj)	майнаптуу	majnaptuu
impôt (m)	салык	salık

devise (f)	валюта	valɥta
national (adj)	улуттук	uluttuk
échange (m)	алмаштыруу	almaʃtıruu

| comptable (m) | бухгалтер | buχgalter |
| comptabilité (f) | бухгалтерия | buχgalterija |

faillite (f)	кудуретсиздик	kuduretsizdik
krach (m)	кыйроо	kıjroo
ruine (f)	жакырдануу	dʒakırdanuu
se ruiner (vp)	жакырдануу	dʒakırdanuu
inflation (f)	инфляция	inflʲatsija
dévaluation (f)	девальвация	devalʲvatsija

capital (m)	капитал	kapital
revenu (m)	киреше	kireʃe
chiffre (m) d'affaires	жүгүртүлүш	dʒygyrtylyʃ
ressources (f pl)	такоолдор	takooldor
moyens (m pl) financiers	акча каражаттары	aktʃa karadʒattarı

| frais (m pl) généraux | кошумча чыгашалар | koʃumtʃa tʃıgaʃalar |
| réduire (vt) | кыскартуу | kıskartuu |

76. La commercialisation. Le marketing

marketing (m)	базар таануу	bazar taanuu
marché (m)	базар	bazar
segment (m) du marché	базар сегменти	bazar segmenti
produit (m)	өнүм	ønym
marchandise (f)	товар	tovar

marque (f) de fabrique	соода маркасы	sooda markası
marque (f) déposée	соода маркасы	sooda markası
logotype (m)	фирмалык белги	firmalık belgi
logo (m)	логотип	logotip
demande (f)	талап	talap
offre (f)	сунуш	sunuʃ
besoin (m)	керек	kerek
consommateur (m)	керектөөчү	kerektøøtʃy

analyse (f)	талдоо	taldoo
analyser (vt)	талдоо	taldoo
positionnement (m)	турак табуу	turak tabuu
positionner (vt)	турак табуу	turak tabuu
prix (m)	баа	baa
politique (f) des prix	баа саясаты	baa sajasatı
formation (f) des prix	баа чыгаруу	baa tʃıgaruu

77. La publicité

publicité (f), pub (f)	жарнама	dʒarnama
faire de la publicité	жарнамалоо	dʒarnamaloo
budget (m)	бюджет	budʒet

annonce (f), pub (f)	жарнама	dʒarnama
publicité (f) à la télévision	теле жарнама	tele dʒarnama
publicité (f) à la radio	радио жарнама	radio dʒarnama
publicité (f) extérieure	сырткы жарнама	sırtkı dʒarnama

mass média (m pl)	масс медия	mass medija
périodique (m)	мезгилдүү басылма	mezgildyy basılma
image (f)	имидж	imidʒ

slogan (m)	лозунг	lozung
devise (f)	ураан	uraan

campagne (f)	кампания	kampanija
campagne (f) publicitaire	жарнамалык кампания	dʒarnamalık kampanija
public (m) cible	максаттуу топ	maksattuu top

carte (f) de visite	таанытма	taanıtma
prospectus (m)	баракча	baraktʃa
brochure (f)	китепче	kiteptʃe
dépliant (m)	кат-кат китепче	kat-kat kiteptʃe
bulletin (m)	бюллетень	bulletenʲ

enseigne (f)	көрнөк	kørnøk
poster (m)	көрнөк	kørnøk
panneau-réclame (m)	жарнамалык такта	dʒarnamalık takta

78. Les opérations bancaires

banque (f)	банк	bank
agence (f) bancaire	бөлүм	bølym

conseiller (m)	кеңешчи	keŋeʃtʃi
gérant (m)	башкаруучу	baʃkaruutʃu

compte (m)	эсеп	esep
numéro (m) du compte	эсеп номери	esep nomeri
compte (m) courant	учурдагы эсеп	utʃurdagı esep
compte (m) sur livret	топтолмо эсеп	toptolmo esep

ouvrir un compte	эсеп ачуу	esep atʃuu
clôturer le compte	эсеп жабуу	esep dʒabuu
verser dans le compte	эсепке акча салуу	esepke aktʃa saluu
retirer du compte	эсептен акча чыгаруу	esepten aktʃa tʃıgaruu

dépôt (m)	аманат	amanat
faire un dépôt	аманат кылуу	amanat kıluu
virement (m) bancaire	акча которуу	aktʃa kotoruu

faire un transfert	акча которуу	aktʃa kotoruu
somme (f)	сумма	summa
Combien?	Канча?	kantʃa?

signature (f)	кол тамга	kol tamga
signer (vt)	кол коюу	kol kojuu

carte (f) de crédit	насыя картасы	nasıja kartası
code (m)	код	kod
numéro (m) de carte de crédit	насыя картанын номери	nasıja kartanın nomeri
distributeur (m)	банкомат	bankomat

chèque (m)	чек	tʃek
faire un chèque	чек жазып берүү	tʃek dʒazıp beryy
chéquier (m)	чек китепчеси	tʃek kiteptʃesi

crédit (m)	насыя	nasıja
demander un crédit	насыя үчүн кайрылуу	nasıja ytʃyn kajrıluu
prendre un crédit	насыя алуу	nasıja aluu
accorder un crédit	насыя берүү	nasıja beryy
gage (m)	кепилдик	kepildik

79. Le téléphone. La conversation téléphonique

téléphone (m)	телефон	telefon
portable (m)	мобилдик	mobildik
répondeur (m)	автоматтык жооп берүүчү	avtomattık dʒoop beryytʃy

téléphoner, appeler	чалуу	tʃaluu
appel (m)	чакыруу	tʃakıruu

composer le numéro	номер терүү	nomer teryy
Allô!	Алло!	allo!
demander (~ l'heure)	суроо	suroo
répondre (vi, vt)	жооп берүү	dʒoop beryy
entendre (bruit, etc.)	угуу	uguu
bien (adv)	жакшы	dʒakʃı
mal (adv)	жаман	dʒaman
bruits (m pl)	ызы-чуу	ızı-tʃuu

récepteur (m)	трубка	trubka
décrocher (vt)	трубканы алуу	trubkanı aluu
raccrocher (vi)	трубканы коюу	trubkanı kojuu

occupé (adj)	бош эмес	boʃ emes
sonner (vi)	шыңгыроо	ʃıngıroo
carnet (m) de téléphone	телефондук китепче	telefonduk kiteptʃe

local (adj)	жергиликтүү	dʒergiliktyy
appel (m) local	жергиликтүү чакыруу	dʒergiliktyy tʃakıruu
interurbain (adj)	шаар аралык	ʃaar aralık
appel (m) interurbain	шаар аралык чакыруу	ʃaar aralık tʃakıruu
international (adj)	эл аралык	el aralık
appel (m) international	эл аралык чакыруу	el aralık tʃakıruu

80. Le téléphone portable

portable (m)	мобилдик	mobildik
écran (m)	дисплей	displej
bouton (m)	баскыч	baskıtʃ
carte SIM (f)	SIM-карта	sim-karta
pile (f)	батарея	batareja
être déchargé	зарядканын түгөнүүсү	zarʲadkanın tygønyysy
chargeur (m)	заряддоочу шайман	zarʲaddootʃu ʃajman
menu (m)	меню	menʉ
réglages (m pl)	орнотуулар	ornotuular
mélodie (f)	обон	obon
sélectionner (vt)	тандоо	tandoo
calculatrice (f)	калькулятор	kalʲkulʲator
répondeur (m)	автоматтык жооп бергич	avtomattık dʒoop bergitʃ
réveil (m)	ойготкуч	ojgotkutʃ
contacts (m pl)	байланыштар	bajlanıʃtar
SMS (m)	SMS-кабар	esemes-kabar
abonné (m)	абонент	abonent

81. La papeterie

stylo (m) à bille	калем сап	kalem sap
stylo (m) à plume	калем уч	kalem utʃ
crayon (m)	карандаш	karandaʃ
marqueur (m)	маркер	marker
feutre (m)	фломастер	flomaster
bloc-notes (m)	дептерче	deptertʃe
agenda (m)	күндөлүк	kyndølyk
règle (f)	сызгыч	sızgıtʃ
calculatrice (f)	калькулятор	kalʲkulʲator
gomme (f)	өчүргүч	øtʃyrgytʃ
punaise (f)	кнопка	knopka
trombone (m)	кыскыч	kıskıtʃ
colle (f)	желим	dʒelim
agrafeuse (f)	степлер	stepler
perforateur (m)	тешкич	teʃkitʃ
taille-crayon (m)	учтагыч	utʃtagıtʃ

82. Les types d'activités économiques

services (m pl) comptables	бухгалтердик кызмат	buxgalterdik kızmat
publicité (f), pub (f)	жарнама	dʒarnama

agence (f) publicitaire	жарнама агенттиги	dʒarnama agenttigi
climatisation (m)	аба желдеткичтер	aba dʒeldetkitʃter
compagnie (f) aérienne	авиакомпания	aviakompanija
boissons (f pl) alcoolisées	алкоголь ичимдиктери	alkogolʲ itʃimdikteri
antiquités (f pl)	антиквариат	antikvariat
galerie (f) d'art	арт-галерея	art-galereja
services (m pl) d'audition	аудиторлук кызмат	auditorluk kızmat
banques (f pl)	банк бизнеси	bank biznesi
bar (m)	бар	bar
salon (m) de beauté	сулуулук салону	suluuluk salonu
librairie (f)	китеп дүкөнү	kitep dykøny
brasserie (f) (fabrique)	сыра чыгаруучу жай	sıra tʃıgaruutʃu dʒaj
centre (m) d'affaires	бизнес-борбор	biznes-borbor
école (f) de commerce	бизнес-мектеп	biznes-mektep
casino (m)	казино	kazino
bâtiment (m)	курулуш	kuruluʃ
conseil (m)	консалтинг	konsalting
dentistes (pl)	стоматология	stomatologija
design (m)	дизайн	dizajn
pharmacie (f)	дарыкана	darıkana
pressing (m)	химиялык тазалоо	χimijalık tazaloo
agence (f) de recrutement	кадрдык агенттиги	kadrdık agenttigi
service (m) financier	каржылык кызматтар	kardʒılık kızmattar
produits (m pl) alimentaires	азык-түлүк	azık-tylyk
maison (f) funéraire	ырасым бюросу	ırasım bʉrosu
meubles (m pl)	эмерек	emerek
vêtement (m)	кийим	kijim
hôtel (m)	мейманкана	mejmankana
glace (f)	бал муздак	bal muzdak
industrie (f)	өнөр-жай	ønør-dʒaj
assurance (f)	камсыздандыруу	kamsızdandıruu
Internet (m)	интернет	internet
investissements (m pl)	салымдар	salımdar
bijoutier (m)	зергер	zerger
bijouterie (f)	зер буюмдар	zer bujʉmdar
blanchisserie (f)	кир жуу ишканасы	kir dʒuu iʃkanası
service (m) juridique	юридикалык кызматтар	ʝuridikalık kızmattar
industrie (f) légère	жеңил өнөр-жай	dʒeŋil ønør-dʒaj
revue (f)	журнал	dʒurnal
vente (f) par catalogue	каталог боюнча соода-сатык	katalog bojʉntʃa sooda-satık
médecine (f)	медицина	meditsina
cinéma (m)	кинотеатр	kinoteatr
musée (m)	музей	muzej
agence (f) d'information	жаңылыктар агенттиги	dʒaŋılıktar agenttigi
journal (m)	гезит	gezit
boîte (f) de nuit	түнкү клуб	tynky klub

pétrole (m)	мунайзат	munajzat
coursiers (m pl)	чабармандык кызматы	tʃabarmandık kızmatı
industrie (f) pharmaceutique	фармацевтика	farmatsevtika
imprimerie (f)	полиграфия	poligrafija
maison (f) d'édition	басмакана	basmakana
radio (f)	үналгы	ynalgı
immobilier (m)	кыймылсыз мүлк	kıjmılsız mylk
restaurant (m)	ресторан	restoran
agence (f) de sécurité	күзөт агенттиги	kyzøt agenttigi
sport (m)	спорт	sport
bourse (f)	биржа	birdʒa
magasin (m)	дүкөн	dykøn
supermarché (m)	супермаркет	supermarket
piscine (f)	бассейн	bassejn
atelier (m) de couture	ателье	atelje
télévision (f)	телекөрсөтүү	telekørsøtyy
théâtre (m)	театр	teatr
commerce (m)	соода	sooda
sociétés de transport	ташып жеткирүү	taʃıp dʒetkiryy
tourisme (m)	туризм	turizm
vétérinaire (m)	мал доктуру	mal dokturu
entrepôt (m)	кампа	kampa
récupération (f) des déchets	таштанды чыгаруу	taʃtandı tʃıgaruu

Le travail. Les affaires. Partie 2

83. Les foires et les salons

salon (m)	көргөзмө	kørgøzmø
salon (m) commercial	соода көргөзмөсү	sooda kørgøzmøsy
participation (f)	катышуу	katıʃuu
participer à ...	катышуу	katıʃuu
participant (m)	катышуучу	katıʃuutʃu
directeur (m)	директор	direktor
direction (f)	уюштуруу комитети	ujʉʃturuu komiteti
organisateur (m)	уюштуруучу	ujʉʃturuutʃu
organiser (vt)	уюштуруу	ujʉʃturuu
demande (f) de participation	катышууга ынта билдирмеси	katıʃuuga ınta bildirmesi
remplir (vt)	толтуруу	tolturuu
détails (m pl)	ийне-жиби	ijne-dʒibi
information (f)	маалымат	maalımat
prix (m)	баа	baa
y compris	кошуп	koʃup
inclure (~ les taxes)	кошулган	koʃulgan
payer (régler)	төлөө	tøløø
droits (m pl) d'inscription	каттоо төгүмү	kattoo tøgymy
entrée (f)	кирүү	kiryy
pavillon (m)	павильон	pavil'on
enregistrer (vt)	каттоо	kattoo
badge (m)	төшбелги	tøʃbelgi
stand (m)	көргөзмө стенди	kørgøzmø stendi
réserver (vt)	камдык буйрутмалоо	kamdık bujrutmaloo
vitrine (f)	айнек стенд	ajnek stend
lampe (f)	чырак	tʃırak
design (m)	дизайн	dizajn
mettre (placer)	жайгаштыруу	dʒajgaʃtıruu
être placé	жайгашуу	dʒajgaʃuu
distributeur (m)	дистрибьютор	distribjʉtor
fournisseur (m)	жеткирип берүүчү	dʒetkirip beryytʃy
fournir (vt)	жеткирип берүү	dʒetkirip beryy
pays (m)	өлкө	ølkø
étranger (adj)	чет өлкөлүк	tʃet ølkølyk
produit (m)	өнүм	ønym
association (f)	ассоциация	assotsiatsija

salle (f) de conférences | конференц-зал | konferents-zal
congrès (m) | конгресс | kongress
concours (m) | жарыш | dʒarıʃ

visiteur (m) | келүүчү | kelyytʃy
visiter (vt) | баш багуу | baʃ baguu
client (m) | кардар | kardar

84. La recherche scientifique et les chercheurs

science (f) | илим | ilim
scientifique (adj) | илимий | ilimij
savant (m) | илимпоз | ilimpoz
théorie (f) | теория | teorija

axiome (m) | аксиома | aksioma
analyse (f) | талдоо | taldoo
analyser (vt) | талдоо | taldoo
argument (m) | далил | dalil
substance (f) (matière) | зат | zat

hypothèse (f) | гипотеза | gipoteza
dilemme (m) | дилемма | dilemma
thèse (f) | диссертация | dissertatsija
dogme (m) | догма | dogma

doctrine (f) | доктрина | doktrina
recherche (f) | изилдөө | izildøø
rechercher (vt) | изилдөө | izildøø
test (m) | сынак | sınak
laboratoire (m) | лаборатория | laboratorija

méthode (f) | ыкма | ıkma
molécule (f) | молекула | molekula
monitoring (m) | бейлөө | bejløø
découverte (f) | таап ачуу | taap atʃuu

postulat (m) | постулат | postulat
principe (m) | усул | usul
prévision (f) | божомол | bodʒomol
prévoir (vt) | алдын ала айтуу | aldın ala ajtuu

synthèse (f) | синтез | sintez
tendance (f) | умтулуу | umtuluu
théorème (m) | теорема | teorema

enseignements (m pl) | окуу | okuu
fait (m) | далил | dalil
expédition (f) | экспедиция | ekspeditsija
expérience (f) | тажрыйба | tadʒrıjba

académicien (m) | академик | akademik
bachelier (m) | бакалавр | bakalavr
docteur (m) | доктор | doktor

chargé (m) de cours	доцент	dotsent
magistère (m)	магистр	magistr
professeur (m)	профессор	professor

Les professions. Les métiers

85. La recherche d'emploi. Le licenciement

travail (m)	иш	iʃ
employés (pl)	жамаат	ʤamaat
personnel (m)	жамаат курамы	ʤamaat kuramı
carrière (f)	мансап	mansap
perspective (f)	перспектива	perspektiva
maîtrise (f)	чеберчилик	ʧeberʧilik
sélection (f)	тандоо	tandoo
agence (f) de recrutement	кадрдык агенттиги	kadrdık agenttigi
C.V. (m)	таржымал	tarʤımal
entretien (m)	аңгемелешүү	aŋgemeleʃyy
emploi (m) vacant	жумуш орун	ʤumuʃ orun
salaire (m)	эмгек акы	emgek akı
salaire (m) fixe	маяна	majana
rémunération (f)	акысын төлөө	akısın tøløø
poste (m) (~ évolutif)	кызмат орун	kızmat orun
fonction (f)	милдет	mildet
liste (f) des fonctions	милдеттенмелер	mildettenmeler
occupé (adj)	бош эмес	boʃ emes
licencier (vt)	бошотуу	boʃotuu
licenciement (m)	бошотуу	boʃotuu
chômage (m)	жумушсуздук	ʤumuʃsuzduk
chômeur (m)	жумушсуз	ʤumuʃsuz
retraite (f)	бааракы	baarakı
prendre sa retraite	ардактуу эс алууга чыгуу	ardaktuu es aluuga ʧıguu

86. Les hommes d'affaires

directeur (m)	директор	direktor
gérant (m)	башкаруучу	baʃkaruuʧu
patron (m)	башкаруучу	baʃkaruuʧu
supérieur (m)	башчы	baʃʧı
supérieurs (m pl)	башчылар	baʃʧılar
président (m)	президент	prezident
président (m) (d'entreprise)	төрага	tøraga
adjoint (m)	орун басар	orun basar
assistant (m)	жардамчы	ʤardamʧı

secrétaire (m, f)	катчы	kattʃı
secrétaire (m, f) personnel	жеке катчы	dʒeke kattʃı

homme (m) d'affaires	бизнесмен	biznesmen
entrepreneur (m)	ишкер	iʃker
fondateur (m)	негиздөөчү	negizdøøtʃy
fonder (vt)	негиздөө	negizdøø

fondateur (m)	уюмдаштыруучу	ujɯmdaʃtıruutʃu
partenaire (m)	өнөктөш	ønøktøʃ
actionnaire (m)	акция кармоочу	aktsija karmootʃu

millionnaire (m)	миллионер	millioner
milliardaire (m)	миллиардер	milliarder
propriétaire (m)	ээси	eesi
propriétaire (m) foncier	жер ээси	dʒer eesi

client (m)	кардар	kardar
client (m) régulier	туруктуу кардар	turuktuu kardar
acheteur (m)	сатып алуучу	satıp aluutʃu
visiteur (m)	келүүчү	kelyytʃy

professionnel (m)	кесипкөй	kesipkøj
expert (m)	ишбилги	iʃbilgi
spécialiste (m)	адис	adis

banquier (m)	банкир	bankir
courtier (m)	далдалчы	daldaltʃı

caissier (m)	кассир	kassir
comptable (m)	бухгалтер	buxgalter
agent (m) de sécurité	кароолчу	karooltʃu

investisseur (m)	салым кошуучу	salım koʃuutʃu
débiteur (m)	карыздар	karızdar
créancier (m)	насыя алуучу	nasıja aluutʃu
emprunteur (m)	карызга алуучу	karızga aluutʃu

importateur (m)	импорттоочу	importtootʃu
exportateur (m)	экспорттоочу	eksporttootʃu

producteur (m)	өндүрүүчү	øndyryytʃy
distributeur (m)	дистрибьютор	distribjɯtor
intermédiaire (m)	ортомчу	ortomtʃu

conseiller (m)	кеңешчи	keŋeʃtʃi
représentant (m)	сатуу агенти	satuu agenti
agent (m)	агент	agent
agent (m) d'assurances	камсыздандыруучу агент	kamsızdandıruutʃu agent

87. Les métiers des services

cuisinier (m)	ашпозчу	aʃpoztʃu
cuisinier (m) en chef	башкы ашпозчу	baʃkı aʃpoztʃu

boulanger (m)	навайчы	navajtʃı
barman (m)	бармен	barmen
serveur (m)	официант	ofitsiant
serveuse (f)	официант кыз	ofitsiant kız

avocat (m)	жактоочу	dʒaktootʃu
juriste (m)	юрист	jurist
notaire (m)	нотариус	notarius

électricien (m)	электрик	elektrik
plombier (m)	сантехник	santeχnik
charpentier (m)	жыгач уста	dʒıgatʃ usta

masseur (m)	укалоочу	ukalootʃu
masseuse (f)	укалоочу	ukalootʃu
médecin (m)	доктур	doktur

chauffeur (m) de taxi	такси айдоочу	taksi ajdootʃu
chauffeur (m)	айдоочу	ajdootʃu
livreur (m)	жеткирүүчү	dʒetkiryytʃy

femme (f) de chambre	үй кызматкери	yj kızmatkeri
agent (m) de sécurité	кароолчу	karooltʃu
hôtesse (f) de l'air	стюардесса	stuardessa

professeur (m)	мугалим	mugalim
bibliothécaire (m)	китепканачы	kitepkanatʃı
traducteur (m)	которчу	kotormotʃu
interprète (m)	оозеки котормочу	oozeki kotormotʃu
guide (m)	гид	gid

coiffeur (m)	чач тарач	tʃatʃ taratʃ
facteur (m)	кат ташуучу	kat taʃuutʃu
vendeur (m)	сатуучу	satuutʃu

jardinier (m)	багбанчы	bagbantʃı
serviteur (m)	үй кызматчы	yj kızmattʃı
servante (f)	үй кызматчы аял	yj kızmattʃı ajal
femme (f) de ménage	тазалагыч	tazalagıtʃ

88. Les professions militaires et leurs grades

soldat (m) (grade)	катардагы жоокер	katardagı dʒooker
sergent (m)	сержант	serdʒant
lieutenant (m)	лейтенант	lejtenant
capitaine (m)	капитан	kapitan

commandant (m)	майор	major
colonel (m)	полковник	polkovnik
général (m)	генерал	general
maréchal (m)	маршал	marʃal
amiral (m)	адмирал	admiral
militaire (m)	аскер кызматчысы	asker kızmattʃısı
soldat (m)	аскер	asker

| officier (m) | офицер | ofitser |
| commandant (m) | командир | komandir |

garde-frontière (m)	чек арачы	tʃek aratʃı
opérateur (m) radio	радист	radist
éclaireur (m)	чалгынчы	tʃalgıntʃı
démineur (m)	сапёр	sapʲor
tireur (m)	аткыч	atkıtʃ
navigateur (m)	штурман	ʃturman

89. Les fonctionnaires. Les prêtres

| roi (m) | король, падыша | korolʲ, padıʃa |
| reine (f) | ханыша | χanıʃa |

| prince (m) | канзаада | kanzaada |
| princesse (f) | ханбийке | χanbijke |

| tsar (m) | падыша | padıʃa |
| tsarine (f) | ханыша | χanıʃa |

président (m)	президент	prezident
ministre (m)	министр	ministr
premier ministre (m)	премьер-министр	premjer-ministr
sénateur (m)	сенатор	senator

diplomate (m)	дипломат	diplomat
consul (m)	консул	konsul
ambassadeur (m)	элчи	eltʃi
conseiller (m)	кеңешчи	keŋeʃtʃi

fonctionnaire (m)	аткаминер	atkaminer
préfet (m)	префект	prefekt
maire (m)	мэр	mer

| juge (m) | сот | sot |
| procureur (m) | прокурор | prokuror |

missionnaire (m)	миссионер	missioner
moine (m)	кечил	ketʃil
abbé (m)	аббат	abbat
rabbin (m)	раввин	ravvin

vizir (m)	визирь	vizirʲ
shah (m)	шах	ʃaχ
cheik (m)	шейх	ʃejχ

90. Les professions agricoles

apiculteur (m)	балчы	baltʃı
berger (m)	чабан	tʃaban
agronome (m)	агроном	agronom

éleveur (m)	малчы	malʧı
vétérinaire (m)	мал доктуру	mal dokturu
fermier (m)	фермер	fermer
vinificateur (m)	вино жасоочу	vino dʒasooʧu
zoologiste (m)	зоолог	zoolog
cow-boy (m)	ковбой	kovboj

91. Les professions artistiques

acteur (m)	актёр	aktʲor
actrice (f)	актриса	aktrisa
chanteur (m)	ырчы	ırʧı
cantatrice (f)	ырчы кыз	ırʧı kız
danseur (m)	бийчи жигит	bijʧi dʒigit
danseuse (f)	бийчи кыз	bijʧi kız
artiste (m)	аткаруучу	atkaruuʧu
artiste (f)	аткаруучу	atkaruuʧu
musicien (m)	музыкант	muzıkant
pianiste (m)	пианист	pianist
guitariste (m)	гитарист	gitarist
chef (m) d'orchestre	дирижёр	diridʒʲor
compositeur (m)	композитор	kompozitor
imprésario (m)	импресарио	impresario
metteur (m) en scène	режиссёр	redʒissʲor
producteur (m)	продюсер	produser
scénariste (m)	сценарист	stsenarist
critique (m)	сынчы	sınʧı
écrivain (m)	жазуучу	dʒazuuʧu
poète (m)	акын	akın
sculpteur (m)	бедизчи	bedizʧi
peintre (m)	сүрөтчү	syrøtʧy
jongleur (m)	жонглёр	dʒonglʲor
clown (m)	маскарапоз	maskarapoz
acrobate (m)	акробат	akrobat
magicien (m)	көз боечу	køz boeʧu

92. Les différents métiers

médecin (m)	доктур	doktur
infirmière (f)	медсестра	medsestra
psychiatre (m)	психиатр	psiχiatr
stomatologue (m)	тиш доктур	tiʃ doktur
chirurgien (m)	хирург	χirurg

astronaute (m)	астронавт	astronavt
astronome (m)	астроном	astronom
pilote (m)	учкуч	utʃkutʃ

chauffeur (m)	айдоочу	ajdootʃu
conducteur (m) de train	машинист	maʃinist
mécanicien (m)	механик	meχanik

mineur (m)	кенчи	kentʃi
ouvrier (m)	жумушчу	dʒumuʃtʃu
serrurier (m)	слесарь	slesarʲ
menuisier (m)	жыгач уста	dʒıgatʃ usta
tourneur (m)	токарь	tokarʲ
ouvrier (m) du bâtiment	куруучу	kuruutʃu
soudeur (m)	ширеткич	ʃiretkitʃ

professeur (m) (titre)	профессор	professor
architecte (m)	архитектор	arχitektor
historien (m)	тарыхчы	tarıχtʃı
savant (m)	илимпоз	ilimpoz
physicien (m)	физик	fizik
chimiste (m)	химик	χimik

archéologue (m)	археолог	arχeolog
géologue (m)	геолог	geolog
chercheur (m)	изилдөөчү	izildøøtʃy

baby-sitter (m, f)	бала баккыч	bala bakkıtʃ
pédagogue (m, f)	мугалим	mugalim

rédacteur (m)	редактор	redaktor
rédacteur (m) en chef	башкы редактор	baʃkı redaktor
correspondant (m)	кабарчы	kabartʃı
dactylographe (f)	машинистка	maʃinistka

designer (m)	дизайнер	dizajner
informaticien (m)	компьютер адиси	kompjʉter adisi
programmeur (m)	программист	programmist
ingénieur (m)	инженер	indʒener

marin (m)	деңизчи	deŋiztʃi
matelot (m)	матрос	matros
secouriste (m)	куткаруучу	kutkaruutʃu

pompier (m)	өрт өчүргүч	ørt øtʃyrgytʃ
policier (m)	полиция кызматкери	politsija kızmatkeri
veilleur (m) de nuit	кароолчу	karooltʃu
détective (m)	аңдуучу	aŋduutʃu

douanier (m)	бажы кызматкери	badʒı kızmatkeri
garde (m) du corps	жан сакчы	dʒan saktʃı
gardien (m) de prison	күзөтчү	kyzøttʃy
inspecteur (m)	инспектор	inspektor

sportif (m)	спортчу	sporttʃu
entraîneur (m)	машыктыруучу	maʃıktıruutʃu

boucher (m)	касапчы	kasaptʃı
cordonnier (m)	өтүкчү	øtyktʃy
commerçant (m)	жеке соодагер	dʒeke soodager
chargeur (m)	жүк ташуучу	dʒyk taʃuutʃu
couturier (m)	модельер	modeljer
modèle (f)	модель	modelʲ

93. Les occupations. Le statut social

écolier (m)	окуучу	okuutʃu
étudiant (m)	студент	student
philosophe (m)	философ	filosof
économiste (m)	экономист	ekonomist
inventeur (m)	ойлоп табуучу	ojlop tabuutʃu
chômeur (m)	жумушсуз	dʒumuʃsuz
retraité (m)	бааргер	baarger
espion (m)	тыңчы	tıŋtʃı
prisonnier (m)	камактагы адам	kamaktagı adam
gréviste (m)	иш калтыргыч	iʃ kaltırgıtʃ
bureaucrate (m)	бюрократ	bʉrokrat
voyageur (m)	саякатчы	sajakattʃı
homosexuel (m)	гомосексуалист	gomoseksualist
hacker (m)	хакер	χaker
hippie (m, f)	хиппи	χippi
bandit (m)	ууру-кески	uuru-keski
tueur (m) à gages	жалданма киши өлтүргүч	dʒaldanma kiʃi øltyrgytʃ
drogué (m)	баңги	baŋgi
trafiquant (m) de drogue	баңгизат сатуучу	baŋgizat satuutʃu
prostituée (f)	сойку	sojku
souteneur (m)	жан бакты	dʒan baktı
sorcier (m)	жадыгөй	dʒadıgøj
sorcière (f)	жадыгөй	dʒadıgøj
pirate (m)	деңиз каракчысы	deŋiz karaktʃısı
esclave (m)	кул	kul
samouraï (m)	самурай	samuraj
sauvage (m)	жапайы	dʒapajı

L'éducation

94. L'éducation

école (f)	мектеп	mektep
directeur (m) d'école	мектеп директору	mektep direktoru
élève (m)	окуучу бала	okuutʃu bala
élève (f)	окуучу кыз	okuutʃu kız
écolier (m)	окуучу	okuutʃu
écolière (f)	окуучу кыз	okuutʃu kız
enseigner (vt)	окутуу	okutuu
apprendre (~ l'arabe)	окуу	okuu
apprendre par cœur	жаттоо	dʒattoo
apprendre (à faire qch)	үйрөнүү	yjrønyy
être étudiant, -e	мектепке баруу	mektepke baruu
aller à l'école	окууга баруу	okuuga baruu
alphabet (m)	алфавит	alfavit
matière (f)	сабак	sabak
salle (f) de classe	класс	klass
leçon (f)	сабак	sabak
récréation (f)	танапис	tanapis
sonnerie (f)	коңгуроо	koŋguroo
pupitre (m)	парта	parta
tableau (m) noir	такта	takta
note (f)	баа	baa
bonne note (f)	жакшы баа	dʒakʃı baa
mauvaise note (f)	жаман баа	dʒaman baa
donner une note	баа коюу	baa kojʉu
faute (f)	ката	kata
faire des fautes	ката кетирүү	kata ketiryy
corriger (une erreur)	түзөтүү	tyzøtyy
antisèche (f)	шпаргалка	ʃpargalka
devoir (m)	үй иши	yj iʃi
exercice (m)	көнүгүү	kønygyy
être présent	катышуу	katıʃuu
être absent	келбей калуу	kelbej kaluu
manquer l'école	сабактарды калтыруу	sabaktardı kaltıruu
punir (vt)	жазалоо	dʒazaloo
punition (f)	жаза	dʒaza
conduite (f)	жүрүм-турум	dʒyrym-turum

carnet (m) de notes	күндөлүк	kyndølyk
crayon (m)	карандаш	karandaʃ
gomme (f)	өчүргүч	øtʃyrgytʃ
craie (f)	бор	bor
plumier (m)	калем салгыч	kalem salgıtʃ

cartable (m)	портфель	portfelʲ
stylo (m)	калем сап	kalem sap
cahier (m)	дептер	depter
manuel (m)	китеп	kitep
compas (m)	циркуль	tsırkulʲ

dessiner (~ un plan)	чийүү	tʃijyy
dessin (m) technique	чийме	tʃijme

poésie (f)	ыр сап	ır sap
par cœur (adv)	жатка	dʒatka
apprendre par cœur	жаттоо	dʒattoo

vacances (f pl)	эс алуу	es aluu
être en vacances	эс алууда болуу	es aluuda boluu
passer les vacances	эс алууну өткөзүү	es aluunu øtkøzyy

interrogation (f) écrite	текшерүү иш	tekʃeryy iʃ
composition (f)	дил баян	dil bajan
dictée (f)	жат жаздыруу	dʒat dʒazdıruu
examen (m)	экзамен	ekzamen
passer les examens	экзамен тапшыруу	ekzamen tapʃıruu
expérience (f) (~ de chimie)	тажрыйба	tadʒrıjba

95. L'enseignement supérieur

académie (f)	академия	akademija
université (f)	университет	universitet
faculté (f)	факультет	fakulʲtet

étudiant (m)	студент бала	student bala
étudiante (f)	студент кыз	student kız
enseignant (m)	мугалим	mugalim

salle (f)	дарскана	darskana
licencié (m)	окуу жайды бүтүрүүчү	okuu dʒajdı bytyryytʃy

diplôme (m)	диплом	diplom
thèse (f)	диссертация	dissertatsija

étude (f)	изилдөө	izildøø
laboratoire (m)	лаборатория	laboratorija

cours (m)	лекция	lektsija
camarade (m) de cours	курсташ	kurstaʃ

bourse (f)	стипендия	stipendija
grade (m) universitaire	илимий даража	ilimij daradʒa

96. Les disciplines scientifiques

mathématiques (f pl)	математика	matematika
algèbre (f)	алгебра	algebra
géométrie (f)	геометрия	geometrija
astronomie (f)	астрономия	astronomija
biologie (f)	биология	biologija
géographie (f)	география	geografija
géologie (f)	геология	geologija
histoire (f)	тарых	tarıx
médecine (f)	медицина	meditsina
pédagogie (f)	педагогика	pedagogika
droit (m)	укук	ukuk
physique (f)	физика	fizika
chimie (f)	химия	ximija
philosophie (f)	философия	filosofija
psychologie (f)	психология	psixologija

97. Le système d'écriture et l'orthographe

grammaire (f)	грамматика	grammatika
vocabulaire (m)	лексика	leksika
phonétique (f)	фонетика	fonetika
nom (m)	зат атооч	zat atootʃ
adjectif (m)	сын атооч	sın atootʃ
verbe (m)	этиш	etiʃ
adverbe (m)	тактооч	taktootʃ
pronom (m)	ат атооч	at atootʃ
interjection (f)	сырдык сөз	sırdık søz
préposition (f)	препозиция	prepozitsija
racine (f)	сөздүн уңгусу	søzdyn uŋgusu
terminaison (f)	жалгоо	dʒalgoo
préfixe (m)	префикс	prefiks
syllabe (f)	муун	muun
suffixe (m)	суффикс	suffiks
accent (m) tonique	басым	basım
apostrophe (f)	апостроф	apostrof
point (m)	чекит	tʃekit
virgule (f)	үтүр	ytyr
point (m) virgule	чекитүү үтүр	tʃekityy ytyr
deux-points (m)	кош чекит	koʃ tʃekit
points (m pl) de suspension	көп чекит	køp tʃekit
point (m) d'interrogation	суроо белгиси	suroo belgisi
point (m) d'exclamation	илеп белгиси	ilep belgisi

guillemets (m pl)	тырмакча	tırmaktʃa
entre guillemets	тырмакчага алынган	tırmaktʃaga alıngan
parenthèses (f pl)	кашаа	kaʃaa
entre parenthèses	кашаага алынган	kaʃaaga alıngan
trait (m) d'union	дефис	defis
tiret (m)	тире	tire
blanc (m)	аралык	aralık
lettre (f)	тамга	tamga
majuscule (f)	баш тамга	baʃ tamga
voyelle (f)	үндүү тыбыш	yndyy tıbıʃ
consonne (f)	үнсүз тыбыш	ynsyz tıbıʃ
proposition (f)	сүйлөм	syjløm
sujet (m)	сүйлөмдүн ээси	syjlømdyn eesi
prédicat (m)	баяндооч	bajandootʃ
ligne (f)	сап	sap
à la ligne	жаңы сап	dʒaŋı sap
paragraphe (m)	абзац	abzats
mot (m)	сөз	søz
groupe (m) de mots	сөз айкашы	søz ajkaʃı
expression (f)	туюнтма	tujuntma
synonyme (m)	синоним	sinonim
antonyme (m)	антоним	antonim
règle (f)	эреже	eredʒe
exception (f)	чектен чыгаруу	tʃekten tʃıgaruu
correct (adj)	туура	tuura
conjugaison (f)	жактоо	dʒaktoo
déclinaison (f)	жөндөлүш	dʒøndølyʃ
cas (m)	жөндөмө	dʒøndømø
question (f)	суроо	suroo
souligner (vt)	баса белгилөө	basa belgiløø
pointillé (m)	пунктир	punktir

98. Les langues étrangères

langue (f)	тил	til
étranger (adj)	чет	tʃet
langue (f) étrangère	чет тил	tʃet til
étudier (vt)	окуу	okuu
apprendre (~ l'arabe)	үйрөнүү	yjrønyy
lire (vi, vt)	окуу	okuu
parler (vi, vt)	сүйлөө	syjløø
comprendre (vt)	түшүнүү	tyʃynyy
écrire (vt)	жазуу	dʒazuu
vite (adv)	тез	tez
lentement (adv)	жай	dʒaj

couramment (adv)	эркин	erkin
règles (f pl)	эрежелер	eredʒeler
grammaire (f)	грамматика	grammatika
vocabulaire (m)	лексика	leksika
phonétique (f)	фонетика	fonetika
manuel (m)	китеп	kitep
dictionnaire (m)	сөздүк	søzdyk
manuel (m) autodidacte	өзү үйрөткүч	øzy yjrøtkytʃ
guide (m) de conversation	тилачар	tilatʃar
cassette (f)	кассета	kasseta
cassette (f) vidéo	видеокассета	videokasseta
CD (m)	CD, компакт-диск	sidi, kompakt-disk
DVD (m)	DVD-диск	dividi-disk
alphabet (m)	алфавит	alfavit
épeler (vt)	эжелеп айтуу	edʒelep ajtuu
prononciation (f)	айтылышы	ajtılıʃı
accent (m)	акцент	aktsent
avec un accent	акцент менен	aktsent menen
sans accent	акцентсиз	aktsentsiz
mot (m)	сөз	søz
sens (m)	маани	maani
cours (m pl)	курстар	kurstar
s'inscrire (vp)	курска жазылуу	kurska dʒazıluu
professeur (m) (~ d'anglais)	окутуучу	okutuutʃu
traduction (f) (action)	которуу	kotoruu
traduction (f) (texte)	котормо	kotormo
traducteur (m)	котормочу	kotormotʃu
interprète (m)	оозеки котормочу	oozeki kotormotʃu
polyglotte (m)	полиглот	poliglot
mémoire (f)	эс тутум	es tutum

Les loisirs. Les voyages

99. Les voyages. Les excursions

tourisme (m)	туризм	turizm
touriste (m)	турист	turist
voyage (m) (à l'étranger)	саякат	sajakat
aventure (f)	укмуштуу окуя	ukmuʃtuu okuja
voyage (m)	сапар	sapar
vacances (f pl)	дем алыш	dem alıʃ
être en vacances	дем алышка чыгуу	dem alıʃka tʃıguu
repos (m) (jours de ~)	эс алуу	es aluu
train (m)	поезд	poezd
en train	поезд менен	poezd menen
avion (m)	учак	utʃak
en avion	учакта	utʃakta
en voiture	автомобилде	avtomobilde
en bateau	кемеде	kemede
bagage (m)	жүк	dʒyk
malle (f)	чемодан	tʃemodan
chariot (m)	араба	araba
passeport (m)	паспорт	pasport
visa (m)	виза	viza
ticket (m)	билет	bilet
billet (m) d'avion	авиабилет	aviabilet
guide (m) (livre)	жол көрсөткүч	dʒol kørsøtkytʃ
carte (f)	карта	karta
région (f) (~ rurale)	жай	dʒaj
endroit (m)	жер	dʒer
exotisme (m)	экзотика	ekzotika
exotique (adj)	экзотикалуу	ekzotikaluu
étonnant (adj)	ажайып	adʒajıp
groupe (m)	топ	top
excursion (f)	экскурсия	ekskursija
guide (m) (personne)	экскурсия жетекчиси	ekskursija dʒetektʃisi

100. L'hôtel

hôtel (m), auberge (f)	мейманкана	mejmankana
motel (m)	мотель	motelʲ
3 étoiles	үч жылдыздуу	ytʃ dʒıldızduu

5 étoiles	беш жылдыздуу	beʃ ʤıldızduu
descendre (à l'hôtel)	токтоо	toktoo
chambre (f)	номер	nomer
chambre (f) simple	бир орундуу	bir orunduu
chambre (f) double	эки орундуу	eki orunduu
réserver une chambre	номерди камдык буйрутмалоо	nomerdi kamdık bujrutmaloo
demi-pension (f)	жарым пансион	ʤarım pansion
pension (f) complète	толук пансион	toluk pansion
avec une salle de bain	ваннасы менен	vannası menen
avec une douche	душ менен	duʃ menen
télévision (f) par satellite	спутник	sputnik
climatiseur (m)	аба желдеткич	aba ʤeldetkitʃ
serviette (f)	сүлгү	sylgy
clé (f)	ачкыч	atʃkıtʃ
administrateur (m)	администратор	administrator
femme (f) de chambre	үй кызматкери	yj kızmatkeri
porteur (m)	жүк ташуучу	ʤyk taʃuutʃu
portier (m)	эшик ачуучу	eʃik atʃuutʃu
restaurant (m)	ресторан	restoran
bar (m)	бар	bar
petit déjeuner (m)	таңкы тамак	taŋkı tamak
dîner (m)	кечки тамак	ketʃki tamak
buffet (m)	шведче стол	ʃvedtʃe stol
hall (m)	вестибюль	vestibylʲ
ascenseur (m)	лифт	lift
PRIÈRE DE NE PAS DÉRANGER	ТЫНЧЫБЫЗДЫ АЛБАГЫЛА!	tıntʃıbızdı albagıla!
DÉFENSE DE FUMER	ТАМЕКИ ЧЕГҮҮГӨ БОЛБОЙТ!	tameki tʃegyygø bolbojt!

LE MATÉRIEL TECHNIQUE. LES TRANSPORTS

Le matériel technique

101. L'informatique

ordinateur (m)	компьютер	kompjuter
PC (m) portable	ноутбук	noutbuk
allumer (vt)	күйгүзүү	kyjgyzyy
éteindre (vt)	өчүрүү	øtʃyryy
clavier (m)	ариптакта	ariptakta
touche (f)	баскыч	baskıtʃ
souris (f)	чычкан	tʃıtʃkan
tapis (m) de souris	килемче	kilemtʃe
bouton (m)	баскыч	baskıtʃ
curseur (m)	курсор	kursor
moniteur (m)	монитор	monitor
écran (m)	экран	ekran
disque (m) dur	катуу диск	katuu disk
capacité (f) du disque dur	катуу дисктин көлөмү	katuu disktin kølømy
mémoire (f)	эс тутум	es tutum
mémoire (f) vive	оперативдик эс тутум	operativdik es tutum
fichier (m)	файл	fajl
dossier (m)	папка	papka
ouvrir (vt)	ачуу	atʃuu
fermer (vt)	жабуу	dʒabuu
sauvegarder (vt)	сактоо	saktoo
supprimer (vt)	жок кылуу	dʒok kıluu
copier (vt)	көчүрүү	køtʃyryy
trier (vt)	иреттөө	irettøø
copier (vt)	өткөрүү	øtkøryy
programme (m)	программа	programma
logiciel (m)	программалык	programmalık
programmeur (m)	программист	programmist
programmer (vt)	программалаштыруу	programmalaʃtıruu
hacker (m)	хакер	χaker
mot (m) de passe	сырсөз	sırsøz
virus (m)	вирус	virus
découvrir (détecter)	издеп табуу	izdep tabuu
bit (m)	байт	bajt

mégabit (m) мегабайт megabajt
données (f pl) маалыматтар maalımattar
base (f) de données маалымат базасы maalımat bazası

câble (m) кабель kabelʲ
déconnecter (vt) ажыратуу adʒıratuu
connecter (vt) туташтыруу tutaʃtıruu

102. L'Internet. Le courrier électronique

Internet (m) интернет internet
navigateur (m) браузер brauzer
moteur (m) de recherche издөө аспабы izdøø aspabı
fournisseur (m) d'accès провайдер provajder

administrateur (m) de site веб-мастер web-master
site (m) web веб-сайт web-sajt
page (f) web веб-баракча web-baraktʃa

adresse (f) дарек darek
carnet (m) d'adresses дарек китепчеси darek kiteptʃesi

boîte (f) de réception почта ящиги potʃta jaʃtʃigi
courrier (m) почта potʃta
pleine (adj) толуп калган tolup kalgan

message (m) кабар kabar
messages (pl) entrants келген кабарлар kelgen kabarlar
messages (pl) sortants жөнөтүлгөн кабарлар dʒønøtylgøn kabarlar

expéditeur (m) жөнөтүүчү dʒønøtyytʃy
envoyer (vt) жөнөтүү dʒønøtyy
envoi (m) жөнөтүү dʒønøtyy

destinataire (m) алуучу aluutʃu
recevoir (vt) алуу aluu

correspondance (f) жазышуу dʒazıʃuu
être en correspondance жазышуу dʒazıʃuu

fichier (m) файл fajl
télécharger (vt) жүктөө dʒyktøø
créer (vt) жаратуу dʒaratuu
supprimer (vt) жок кылуу dʒok kıluu
supprimé (adj) жок кылынган dʒok kılıngan

connexion (f) (ADSL, etc.) байланыш bajlanıʃ
vitesse (f) ылдамдык ıldamdık
modem (m) модем modem
accès (m) жеткирилүү dʒetkirilyy
port (m) порт port

connexion (f) (établir la ~) туташуу tutaʃuu
se connecter à ... ... туташуу ... tutaʃuu

| sélectionner (vt) | тандоо | tandoo |
| rechercher (vt) | ... издөө | ... izdøø |

103. L'électricité

électricité (f)	электр кубаты	elektr kubatı
électrique (adj)	электрикалык	elektrikalık
centrale (f) électrique	электростанция	elektrostantsija
énergie (f)	энергия	energija
énergie (f) électrique	электр кубаты	elektr kubatı

ampoule (f)	лампочка	lampotʃka
torche (f)	шам	ʃam
réverbère (m)	шам	ʃam

lumière (f)	жарык	dʒarık
allumer (vt)	күйгүзүү	kyjgyzyy
éteindre (vt)	өчүрүү	øtʃyryy
éteindre la lumière	жарыкты өчүрүү	dʒarıktı øtʃyryy

être grillé	күйүп кетүү	kyjyp ketyy
court-circuit (m)	кыска туташуу	kıska tutaʃuu
rupture (f)	үзүлүү	yzylyy
contact (m)	контакт	kontakt

interrupteur (m)	өчүргүч	øtʃyrgytʃ
prise (f)	розетка	rozetka
fiche (f)	сайгыч	sajgıtʃ
rallonge (f)	узарткыч	uzartkıtʃ

fusible (m)	эриме сактагыч	erime saktagıtʃ
fil (m)	зым	zım
installation (f) électrique	электр зымы	elektr zımı

ampère (m)	ампер	amper
intensité (f) du courant	токтун күчү	toktun kytʃy
volt (m)	вольт	volʲt
tension (f)	чыңалуу	tʃıŋaluu

| appareil (m) électrique | электр алет | elektr alet |
| indicateur (m) | көрсөткүч | kørsøtkytʃ |

électricien (m)	электрик	elektrik
souder (vt)	кандоо	kaŋdoo
fer (m) à souder	кандагыч аспап	kaŋdagıtʃ aspap
courant (m)	электр тогу	elektr togu

104. Les outils

outil (m)	аспап	aspap
outils (m pl)	аспаптар	aspaptar
équipement (m)	жабдуу	dʒabduu

marteau (m)	балка	balka
tournevis (m)	бурагыч	buragıtʃ
hache (f)	балта	balta
scie (f)	араа	araa
scier (vt)	аралоо	araloo
rabot (m)	тактай сүргүч	taktaj syrgytʃ
raboter (vt)	сүрүү	syryy
fer (m) à souder	кандагыч аспап	kandagıtʃ aspap
souder (vt)	кандоо	kandoo
lime (f)	өгөө	øgøø
tenailles (f pl)	аттиш	attiʃ
pince (f) plate	жалпак тиштүү кычкач	dʒalpak tiʃtyy kıtʃkatʃ
ciseau (m)	тешкич	teʃkitʃ
foret (m)	бургу	burgu
perceuse (f)	үшкү	yʃky
percer (vt)	бургулап тешүү	burgulap teʃyy
couteau (m)	бычак	bıtʃak
canif (m)	чөнтөк бычак	tʃøntøk bıtʃak
lame (f)	миз	miz
bien affilé (adj)	курч	kurtʃ
émoussé (adj)	мокок	mokok
s'émousser (vp)	мокотулуу	mokotuluu
affiler (vt)	курчутуу	kurtʃutuu
boulon (m)	буроо	buroo
écrou (m)	бурама	burama
filetage (m)	бураманын сайы	buramanın sajı
vis (f) à bois	буроо мык	buroo mık
clou (m)	мык	mık
tête (f) de clou	баш	baʃ
règle (f)	сызгыч	sızgıtʃ
mètre (m) à ruban	рулетка	ruletka
niveau (m) à bulle	деңгээл	dengeel
loupe (f)	чоңойтуч	tʃoŋojtutʃ
appareil (m) de mesure	ченөөчү аспап	tʃenøøtʃy aspap
mesurer (vt)	ченөө	tʃenøø
échelle (f) (~ métrique)	шкала	ʃkala
relevé (m)	көрсөтүү ченем	kørsøtyy tʃenem
compresseur (m)	компрессор	kompressor
microscope (m)	микроскоп	mikroskop
pompe (f)	соргу	sorgu
robot (m)	робот	robot
laser (m)	лазер	lazer
clé (f) de serrage	гайка ачкычы	gajka atʃkıtʃı
ruban (m) adhésif	жабышкак тасма	dʒabıʃkak tasma

colle (f)	желим	dʒelim
papier (m) d'émeri	кум кагаз	kum kagaz
ressort (m)	серпилгич	serpilgitʃ
aimant (m)	магнит	magnit
gants (m pl)	колкап	kolkap
corde (f)	аркан	arkan
cordon (m)	жип	dʒip
fil (m) (~ électrique)	зым	zım
câble (m)	кабель	kabelʲ
masse (f)	барскан	barskan
pic (m)	лом	lom
escabeau (m)	шаты	ʃatı
échelle (f) double	кичинекей шаты	kitʃinekej ʃatı
visser (vt)	бурап бекитүү	burap bekityy
dévisser (vt)	бурап чыгаруу	burap tʃıgaruu
serrer (vt)	кысуу	kısuu
coller (vt)	жабыштыруу	dʒabıʃtıruu
couper (vt)	кесүү	kesyy
défaut (m)	бузулгандык	buzulgandık
réparation (f)	оңдоо	oŋdoo
réparer (vt)	оңдоо	oŋdoo
régler (vt)	туурaлоо	tuuraloo
vérifier (vt)	текшерүү	tekʃeryy
vérification (f)	текшерүү	tekʃeryy
relevé (m)	көрсөтүү ченем	kørsøtyy tʃenem
fiable (machine ~)	ишеничтүү	iʃenitʃtyy
complexe (adj)	кыйын	kıjın
rouiller (vi)	дат басуу	dat basuu
rouillé (adj)	дат баскан	dat baskan
rouille (f)	дат	dat

Les transports

105. L'avion

avion (m)	учак	utʃak
billet (m) d'avion	авиабилет	aviabilet
compagnie (f) aérienne	авиакомпания	aviakompanija
aéroport (m)	аэропорт	aeroport
supersonique (adj)	сверхзвуковой	sverχzvukovoj
commandant (m) de bord	кеме командири	keme komandiri
équipage (m)	экипаж	ekipadʒ
pilote (m)	учкуч	utʃkutʃ
hôtesse (f) de l'air	стюардесса	stʉardessa
navigateur (m)	штурман	ʃturman
ailes (f pl)	канаттар	kanattar
queue (f)	куйрук	kujruk
cabine (f)	кабина	kabina
moteur (m)	кыймылдаткыч	kıjmıldatkıtʃ
train (m) d'atterrissage	шасси	ʃassi
turbine (f)	турбина	turbina
hélice (f)	пропеллер	propeller
boîte (f) noire	кара куту	kara kutu
gouvernail (m)	штурвал	ʃturval
carburant (m)	күйүүчү май	kyjyytʃy may
consigne (f) de sécurité	коопсуздук көрсөтмөсү	koopsuzduk kørsøtmøsy
masque (m) à oxygène	кислород чүмбөтү	kislorod tʃymbøty
uniforme (m)	бир беткей кийим	bir betkey kijim
gilet (m) de sauvetage	куткаруучу күрмө	kutkaruutʃu kyrmø
parachute (m)	парашют	paraʃʉt
décollage (m)	учуп көтөрүлүү	utʃup køtørylyy
décoller (vi)	учуп көтөрүлүү	utʃup køtørylyy
piste (f) de décollage	учуп чыгуу тилкеси	utʃup tʃıguu tilkesi
visibilité (f)	көрүнүш	kørynyʃ
vol (m) (~ d'oiseau)	учуу	utʃuu
altitude (f)	бийиктик	bijiktik
trou (m) d'air	аба чуңкуру	aba tʃyŋkuru
place (f)	орун	orun
écouteurs (m pl)	кулакчын	kulaktʃın
tablette (f)	бүктөлмө стол	byktølmø stol
hublot (m)	иллюминатор	illʉminator
couloir (m)	өтмөк	øtmøk

106. Le train

train (m)	поезд	poezd
train (m) de banlieue	электричка	elektritʃka
TGV (m)	бат жүрүүчү поезд	bat dʒyryytʃy poezd
locomotive (f) diesel	тепловоз	teplovoz
locomotive (f) à vapeur	паровоз	parovoz
wagon (m)	вагон	vagon
wagon-restaurant (m)	вагон-ресторан	vagon-restoran
rails (m pl)	рельсалар	relʲsalar
chemin (m) de fer	темир жолу	temir dʒolu
traverse (f)	шпала	ʃpala
quai (m)	платформа	platforma
voie (f)	жол	dʒol
sémaphore (m)	семафор	semafor
station (f)	бекет	beket
conducteur (m) de train	машинист	maʃinist
porteur (m)	жук ташуучу	dʒuk taʃuutʃu
steward (m)	проводник	provodnik
passager (m)	жүргүнчү	dʒyrgyntʃy
contrôleur (m) de billets	текшерүүчү	tekʃeryytʃy
couloir (m)	коридор	koridor
frein (m) d'urgence	стоп-кран	stop-kran
compartiment (m)	купе	kupe
couchette (f)	текче	tektʃe
couchette (f) d'en haut	үстүңкү текче	ystyŋky tektʃe
couchette (f) d'en bas	ылдыйкы текче	ıldıjkı tektʃe
linge (m) de lit	жууркан-төшөк	dʒuurkan-tøʃøk
ticket (m)	билет	bilet
horaire (m)	ыраattama	ıraattama
tableau (m) d'informations	табло	tablo
partir (vi)	жөнөө	dʒønøø
départ (m) (du train)	жөнөө	dʒønøø
arriver (le train)	келүү	kelyy
arrivée (f)	келүү	kelyy
arriver en train	поезд менен келүү	poezd menen kelyy
prendre le train	поездге отуруу	poezdge oturuu
descendre du train	поездден түшүү	poezdden tyʃyy
accident (m) ferroviaire	кыйроо	kıjroo
dérailler (vi)	рельсадан чыгып кетүү	relʲsadan tʃıgıp ketyy
locomotive (f) à vapeur	паровоз	parovoz
chauffeur (m)	от жагуучу	ot dʒaguutʃu
chauffe (f)	меш	meʃ
charbon (m)	көмүр	kømyr

107. Le bateau

bateau (m)	кеме	keme
navire (m)	кеме	keme
bateau (m) à vapeur	пароход	paroxod
paquebot (m)	теплоход	teploxod
bateau (m) de croisière	лайнер	lajner
croiseur (m)	крейсер	krejser
yacht (m)	яхта	jaxta
remorqueur (m)	буксир	buksir
péniche (f)	баржа	bardʒa
ferry (m)	паром	parom
voilier (m)	парус	parus
brigantin (m)	бригантина	brigantina
brise-glace (m)	муз жаргыч кеме	muz dʒargɪtʃ keme
sous-marin (m)	суу астында жүрүүчү кеме	suu astında dʒyryytʃy keme
canot (m) à rames	кайык	kajık
dinghy (m)	шлюпка	ʃlʉpka
canot (m) de sauvetage	куткаруу шлюпкасы	kutkaruu ʃlʉpkası
canot (m) à moteur	катер	kater
capitaine (m)	капитан	kapitan
matelot (m)	матрос	matros
marin (m)	деңизчи	deŋiztʃi
équipage (m)	экипаж	ekipadʒ
maître (m) d'équipage	боцман	botsman
mousse (m)	юнга	jʉnga
cuisinier (m) du bord	кок	kok
médecin (m) de bord	кеме доктуру	keme dokturu
pont (m)	палуба	paluba
mât (m)	мачта	matʃta
voile (f)	парус	parus
cale (f)	трюм	trʉm
proue (f)	тумшук	tumʃuk
poupe (f)	кеменин арткы бөлүгү	kemenin artkı bølygy
rame (f)	калак	kalak
hélice (f)	винт	vint
cabine (f)	каюта	kajʉta
carré (m) des officiers	кают-компания	kajʉt-kompanija
salle (f) des machines	машина бөлүгү	maʃina bølygy
passerelle (f)	капитан мостиги	kapitan mostigi
cabine (f) de T.S.F.	радиорубка	radiorubka
onde (f)	толкун	tolkun
journal (m) de bord	кеме журналы	keme dʒurnalı
longue-vue (f)	дүрбү	dyrby

cloche (f)	коңгуроо	koŋguroo
pavillon (m)	байрак	bajrak
grosse corde (f) tressée	аркан	arkan
nœud (m) marin	түйүн	tyjyn
rampe (f)	туткуч	tutkutʃ
passerelle (f)	трап	trap
ancre (f)	кеме казык	keme kazık
lever l'ancre	кеме казыкты көтөрүү	keme kazıktı køtøryy
jeter l'ancre	кеме казыкты таштоо	keme kazıktı taʃtoo
chaîne (f) d'ancrage	казык чынжыры	kazık tʃındʒırı
port (m)	порт	port
embarcadère (m)	причал	pritʃal
accoster (vi)	келип токтоо	kelip toktoo
larguer les amarres	жээктен алыстоо	dʒeekten alıstoo
voyage (m) (à l'étranger)	саякат	sajakat
croisière (f)	деңиз саякаты	deŋiz sajakatı
cap (m) (suivre un ~)	курс	kurs
itinéraire (m)	каттам	kattam
chenal (m)	фарватер	farvater
bas-fond (m)	тайыз жер	tajız dʒer
échouer sur un bas-fond	тайыз жерге отуруу	tajız dʒerge oturuu
tempête (f)	бороон чапкын	boroon tʃapkın
signal (m)	сигнал	signal
sombrer (vi)	чөгүү	tʃøgyy
Un homme à la mer!	Сууда адам бар!	suuda adam bar!
SOS (m)	SOS	sos
bouée (f) de sauvetage	куткаруучу тегерек	kutkaruutʃu tegerek

108. L'aéroport

aéroport (m)	аэропорт	aeroport
avion (m)	учак	utʃak
compagnie (f) aérienne	авиакомпания	aviakompanija
contrôleur (m) aérien	авиадиспетчер	aviadispettʃer
départ (m)	учуп кетүү	utʃup ketyy
arrivée (f)	учуп келүү	utʃup kelyy
arriver (par avion)	учуп келүү	utʃup kelyy
temps (m) de départ	учуп кетүү убактысы	utʃup ketyy ubaktısı
temps (m) d'arrivée	учуп келүү убактысы	utʃup kelyy ubaktısı
être retardé	кармалуу	karmaluu
retard (m) de l'avion	учуп кетүүнүн кечигиши	utʃup ketyynyn ketʃigiʃi
tableau (m) d'informations	маалымат таблосу	maalımat tablosu
information (f)	маалымат	maalımat

annoncer (vt)	кулактандыруу	kulaktandıruu
vol (m)	рейс	rejs
douane (f)	бажыкана	badʒıkana
douanier (m)	бажы кызматкери	badʒı kızmatkeri
déclaration (f) de douane	бажы декларациясы	badʒı deklaratsijası
remplir (vt)	толтуруу	tolturuu
remplir la déclaration	декларация толтуруу	deklaratsija tolturuu
contrôle (m) de passeport	паспорт текшерүү	pasport tekʃeryy
bagage (m)	жүк	dʒyk
bagage (m) à main	кол жүгү	kol dʒygy
chariot (m)	араба	araba
atterrissage (m)	конуу	konuu
piste (f) d'atterrissage	конуу тилкеси	konuu tilkesi
atterrir (vi)	конуу	konuu
escalier (m) d'avion	трап	trap
enregistrement (m)	катталуу	kattaluu
comptoir (m) d'enregistrement	каттоо стойкасы	kattoo stojkası
s'enregistrer (vp)	катталуу	kattaluu
carte (f) d'embarquement	отуруу үчүн талон	oturuu ytʃyn talon
porte (f) d'embarquement	чыгуу	tʃıguu
transit (m)	транзит	tranzit
attendre (vt)	күтүү	kytyy
salle (f) d'attente	күтүү залы	kutyy zalı
raccompagner (à l'aéroport, etc.)	узатуу	uzatuu
dire au revoir	коштошуу	koʃtoʃuu

Les grands événements de la vie

109. Les fêtes et les événements

fête (f)	майрам	majram
fête (f) nationale	улуттук	uluttuk
jour (m) férié	майрам күнү	majram kyny
fêter (vt)	майрамдоо	majramdoo
événement (m) (~ du jour)	окуя	okuja
événement (m) (soirée, etc.)	иш-чара	iʃ-tʃara
banquet (m)	банкет	banket
réception (f)	кабыл алуу	kabıl aluu
festin (m)	той	toj
anniversaire (m)	жылдык	dʒıldık
jubilé (m)	юбилей	jʉbilej
célébrer (vt)	белгилөө	belgiløø
Nouvel An (m)	Жаны жыл	dʒanı dʒıl
Bonne année!	Жаны Жылыңар менен!	dʒanı dʒılıŋar menen!
Père Noël (m)	Аяз ата, Санта Клаус	ajaz ata, santa klaus
Noël (m)	Рождество	rodʒdestvo
Joyeux Noël!	Рождество майрамыңыз менен!	rodʒdestvo majramıŋız menen!
arbre (m) de Noël	Жаңы жылдык балаты	dʒaŋı dʒıldık balatı
feux (m pl) d'artifice	салют	salʉt
mariage (m)	үйлөнүү той	yjlønyy toy
fiancé (m)	күйөө	kyjøø
fiancée (f)	колукту	koluktu
inviter (vt)	чакыруу	tʃakıruu
lettre (f) d'invitation	чакыруу	tʃakıruu
invité (m)	конок	konok
visiter (~ les amis)	конокко баруу	konokko baruu
accueillir les invités	конок тосуу	konok tosuu
cadeau (m)	белек	belek
offrir (un cadeau)	белек берүү	belek beryy
recevoir des cadeaux	белек алуу	belek aluu
bouquet (m)	дeсте	deste
félicitations (f pl)	куттуктоо	kuttuktoo
féliciter (vt)	куттуктоо	kuttuktoo
carte (f) de veux	куттуктоо ачык каты	kuttuktoo atʃık katı
envoyer une carte	ачык катты жөнөтүү	atʃık kattı dʒønøtyy

recevoir une carte	ачык катты алуу	atʃık kattı aluu
toast (m)	каалоо тилек	kaaloo tilek
offrir (un verre, etc.)	ооз тийгизүү	ooz tijgizyy
champagne (m)	шампан	ʃampan
s'amuser (vp)	көңүл ачуу	køŋyl atʃuu
gaieté (f)	көңүлдүүлүк	køŋyldyylyk
joie (f) (émotion)	кубаныч	kubanıtʃ
danse (f)	бий	bij
danser (vi, vt)	бийлөө	bijløø
valse (f)	вальс	valʲs
tango (m)	танго	tango

110. L'enterrement. Le deuil

cimetière (m)	мүрзө	myrzø
tombe (f)	мүрзө	myrzø
croix (f)	крест	krest
pierre (f) tombale	мүрзө үстүндөгү жазуу	myrzø ystyndøgy dʒazuu
clôture (f)	тосмо	tosmo
chapelle (f)	кичинекей чиркөө	kitʃinekej tʃirkøø
mort (f)	өлүм	ølym
mourir (vi)	өлүү	ølyy
défunt (m)	маркум	markum
deuil (m)	аза	aza
enterrer (vt)	көмүү	kømyy
maison (f) funéraire	ырасым бюросу	ırasım bɯrosu
enterrement (m)	сөөк узатуу жана көмүү	søøk uzatuu dʒana kømyy
couronne (f)	гүлчамбар	gyltʃambar
cercueil (m)	табыт	tabıt
corbillard (m)	катафалк	katafalk
linceul (m)	кепин	kepin
cortège (m) funèbre	узатуу жүрүшү	uzatuu dʒyryʃy
urne (f) funéraire	сөөк күлдүн кутусу	søøk kyldyn kutusu
crématoire (m)	крематорий	krematorij
nécrologue (m)	некролог	nekrolog
pleurer (vi)	ыйлоо	ıjloo
sangloter (vi)	боздоп ыйлоо	bozdop ıjloo

111. La guerre. Les soldats

section (f)	взвод	vzvod
compagnie (f)	рота	rota
régiment (m)	полк	polk
armée (f)	армия	armija

division (f)	дивизия	divizija
détachement (m)	отряд	otrʲad
armée (f) (Moyen Âge)	куралдуу аскер	kuralduu asker
soldat (m) (un militaire)	аскер	asker
officier (m)	офицер	ofitser
soldat (m) (grade)	катардагы жоокер	katardagı dʒooker
sergent (m)	сержант	serdʒant
lieutenant (m)	лейтенант	lejtenant
capitaine (m)	капитан	kapitan
commandant (m)	майор	major
colonel (m)	полковник	polkovnik
général (m)	генерал	general
marin (m)	деңизчи	deŋiztʃi
capitaine (m)	капитан	kapitan
maître (m) d'équipage	боцман	botsman
artilleur (m)	артиллерист	artillerist
parachutiste (m)	десантник	desantnik
pilote (m)	учкуч	utʃkutʃ
navigateur (m)	штурман	ʃturman
mécanicien (m)	механик	meχanik
démineur (m)	сапёр	sapʲor
parachutiste (m)	парашютист	paraʃutist
éclaireur (m)	чалгынчы	tʃalgıntʃı
tireur (m) d'élite	көзатар	køzatar
patrouille (f)	жол-күзөт	dʒol-kyzøt
patrouiller (vi)	жол-күзөткө чыгуу	dʒol-kyzøtkø tʃıguu
sentinelle (f)	сакчы	saktʃı
guerrier (m)	жоокер	dʒooker
patriote (m)	мекенчил	mekentʃil
héros (m)	баатыр	baatır
héroïne (f)	баатыр айым	baatır ajım
traître (m)	чыккынчы	tʃıkkıntʃı
trahir (vt)	кыянаттык кылуу	kıjanattık kıluu
déserteur (m)	качкын	katʃkın
déserter (vt)	качуу	katʃuu
mercenaire (m)	жалданма	dʒaldanma
recrue (f)	жаңы алынган аскер	dʒaŋı alıngan asker
volontaire (m)	ыктыярчы	ıktıjartʃı
mort (m)	өлтүрүлгөн	øltyrylgøn
blessé (m)	жарадар	dʒaradar
prisonnier (m) de guerre	туткун	tutkun

112. La guerre. Partie 1

guerre (f)	согуш	soguʃ
faire la guerre	согушуу	soguʃuu
guerre (f) civile	жарандык согуш	dʒarandık soguʃ

perfidement (adv)	жүзү каралык менен кол салуу	dʒyzy karalık menen kol saluu
déclaration (f) de guerre	согушту жарыялоо	soguʃtu dʒarijaloo
déclarer (la guerre)	согуш жарыялоо	soguʃ dʒarijaloo
agression (f)	агрессия	agressija
attaquer (~ un pays)	кол салуу	kol saluu

envahir (vt)	басып алуу	basıp aluu
envahisseur (m)	баскынчы	baskıntʃı
conquérant (m)	басып алуучу	basıp aluutʃu

défense (f)	коргонуу	korgonuu
défendre (vt)	коргоо	korgoo
se défendre (vp)	коргонуу	korgonuu

ennemi (m)	душман	duʃman
adversaire (m)	каршылаш	karʃılaʃ
ennemi (adj) (territoire ~)	душмандын	duʃmandın

stratégie (f)	стратегия	strategija
tactique (f)	тактика	taktika

ordre (m)	буйрук	bujruk
commande (f)	команда	komanda
ordonner (vt)	буйрук берүү	bujruk beryy
mission (f)	тапшырма	tapʃırma
secret (adj)	жашыруун	dʒaʃıruun

bataille (f)	салгылаш	salgılaʃ
bataille (f)	согуш	soguʃ
combat (m)	салгылаш	salgılaʃ

attaque (f)	чабуул	tʃabuul
assaut (m)	чабуул	tʃabuul
prendre d'assaut	чабуул жасоо	tʃabuul dʒasoo
siège (m)	тегеректеп курчоо	tegerektep kurtʃoo

offensive (f)	чабуул	tʃabuul
passer à l'offensive	чабуул салуу	tʃabuul saluu

retraite (f)	чегинүү	tʃeginyy
faire retraite	чегинүү	tʃeginyy

encerclement (m)	курчоо	kurtʃoo
encercler (vt)	курчоого алуу	kurtʃoogo aluu

bombardement (m)	бомба жаадыруу	bomba dʒaadıruu
lancer une bombe	бомба таштоо	bomba taʃtoo
bombarder (vt)	бомба жаадыруу	bomba dʒaadıruu

explosion (f)	жарылуу	dʒarıluu
coup (m) de feu	атылуу	atıluu
tirer un coup de feu	атуу	atuu
fusillade (f)	атуу	atuu
viser ... (cible)	мээлөө	meeløø
pointer (sur ...)	мээлөө	meeløø
atteindre (cible)	тийүү	tijyy
faire sombrer	чөктүрүү	tʃøktyryy
trou (m) (dans un bateau)	тешик	teʃik
sombrer (navire)	суу астына кетүү	suu astına ketyy
front (m)	майдан	majdan
évacuation (f)	эвакуация	evakuatsija
évacuer (vt)	эвакуациялоо	evakuatsijaloo
tranchée (f)	окоп	okop
barbelés (m pl)	тикендүү зым	tikendyy zım
barrage (m) (~ antichar)	тосмо	tosmo
tour (f) de guet	мунара	munara
hôpital (m)	госпиталь	gospitalʲ
blesser (vt)	жарадар кылуу	dʒaradar kıluu
blessure (f)	жара	dʒara
blessé (m)	жарадар	dʒaradar
être blessé	жаракат алуу	dʒarakat aluu
grave (blessure)	оор жаракат	oor dʒarakat

113. La guerre. Partie 2

captivité (f)	туткун	tutkun
captiver (vt)	туткунга алуу	tutkunga aluu
être prisonnier	туткунда болуу	tutkunda boluu
être fait prisonnier	туткунга түшүү	tutkunga tyʃyy
camp (m) de concentration	концлагерь	kontslagerʲ
prisonnier (m) de guerre	туткун	tutkun
s'enfuir (vp)	качуу	katʃuu
trahir (vt)	кыянаттык кылуу	kıjanattık kıluu
traître (m)	чыккынчы	tʃıkkıntʃı
trahison (f)	чыккынчылык	tʃıkkıntʃılık
fusiller (vt)	атып өлтүрүү	atıp øltyryy
fusillade (f) (exécution)	атып өлтүрүү	atıp øltyryy
équipement (m) (uniforme, etc.)	аскер кийими	asker kijimi
épaulette (f)	погон	pogon
masque (m) à gaz	противогаз	protivogaz
émetteur (m) radio	рация	ratsija
chiffre (m) (code)	шифр	ʃifr

conspiration (f)	жекеликте сактоо	dʒekelikte saktoo
mot (m) de passe	сырсөз	sırsøz
mine (f) terrestre	мина	mina
miner (poser des mines)	миналоо	minaloo
champ (m) de mines	мина талаасы	mina talaası
alerte (f) aérienne	аба айгайы	aba ajgajı
signal (m) d'alarme	айгай	ajgaj
signal (m)	сигнал	signal
fusée signal (f)	сигнал ракетасы	signal raketası
état-major (m)	штаб	ʃtab
reconnaissance (f)	чалгын	tʃalgın
situation (f)	кырдаал	kırdaal
rapport (m)	рапорт	raport
embuscade (f)	буктурма	bukturma
renfort (m)	кошумча күч	koʃumtʃa kytʃ
cible (f)	бута	buta
polygone (m)	полигон	poligon
manœuvres (f pl)	манервлер	manervler
panique (f)	дүрбөлөң	dyrbøløŋ
dévastation (f)	кыйроо	kıjroo
destructions (f pl) (ruines)	кыйроо	kıjroo
détruire (vt)	кыйратуу	kıjratuu
survivre (vi)	тирүү калуу	tiryy kaluu
désarmer (vt)	куралсыздандыруу	kuralsızdandıruu
manier (une arme)	мамиле кылуу	mamile kıluu
Garde-à-vous! Fixe!	Түз тур!	tyz tur!
Repos!	Эркин!	erkin!
exploit (m)	эрдик	erdik
serment (m)	ант	ant
jurer (de faire qch)	ант берүү	ant beryy
décoration (f)	сыйлык	sıjlık
décorer (de la médaille)	сыйлоо	sıjloo
médaille (f)	медаль	medalʲ
ordre (m) (~ du Mérite)	орден	orden
victoire (f)	жеңиш	dʒeŋiʃ
défaite (f)	жеңилүү	dʒeŋilyy
armistice (m)	жарашуу	dʒaraʃuu
drapeau (m)	байрак	bajrak
gloire (f)	даңк	daŋk
défilé (m)	парад	parad
marcher (défiler)	маршта басуу	marʃta basuu

114. Les armes

arme (f)	курал	kural
armes (f pl) à feu	курал жарак	kural dʒarak
armes (f pl) blanches	атылбас курал	atılbas kural

arme (f) chimique	химиялык курал	ximijalık kural
nucléaire (adj)	ядерлүү	jaderlyy
arme (f) nucléaire	ядерлүү курал	jaderlyy kural

bombe (f)	бомба	bomba
bombe (f) atomique	атом бомбасы	atom bombası

pistolet (m)	тапанча	tapantʃa
fusil (m)	мылтык	mıltık
mitraillette (f)	автомат	avtomat
mitrailleuse (f)	пулемёт	pulemʲot

bouche (f)	мылтыктын оозу	mıltıktın oozu
canon (m)	ствол	stvol
calibre (m)	калибр	kalibr

gâchette (f)	курок	kurok
mire (f)	кароолго алуу	karoolgo aluu
magasin (m)	магазин	magazin
crosse (f)	күндак	kyndak

grenade (f) à main	граната	granata
explosif (m)	жарылуучу зат	dʒarıluutʃu zat

balle (f)	ок	ok
cartouche (f)	патрон	patron
charge (f)	дүрмөк	dyrmøk
munitions (f pl)	ок-дары	ok-darı

bombardier (m)	бомбалоочу	bombalootʃu
avion (m) de chasse	кыйраткыч учак	kıjratkıtʃ utʃak
hélicoptère (m)	вертолёт	vertolʲot

pièce (f) de D.C.A.	зенитка	zenitka
char (m)	танк	tank
canon (m) d'un char	замбирек	zambirek

artillerie (f)	артиллерия	artillerija
canon (m)	замбирек	zambirek
pointer (~ l'arme)	мээлөө	meeløø

obus (m)	снаряд	snarʲad
obus (m) de mortier	мина	mina
mortier (m)	миномёт	minomʲot
éclat (m) d'obus	сыныктар	sınıktar

sous-marin (m)	суу астында жүрүүчү кеме	suu astında dʒyryytʃy keme
torpille (f)	торпеда	torpeda

missile (m)	ракета	raketa
charger (arme)	октоо	oktoo
tirer (vi)	атуу	atuu
viser ... (cible)	мээлөө	meeløø
baïonnette (f)	найза	najza
épée (f)	шпага	ʃpaga
sabre (m)	кылыч	kılıtʃ
lance (f)	найза	najza
arc (m)	жаа	dʒaa
flèche (f)	жебе	dʒebe
mousquet (m)	мушкет	muʃket
arbalète (f)	арбалет	arbalet

115. Les hommes préhistoriques

primitif (adj)	алгачкы	algatʃkı
préhistorique (adj)	тарыхтан илгери	tarıxtan ilgeri
ancien (adj)	байыркы	bajırkı
Âge (m) de pierre	Таш доору	taʃ dooru
Âge (m) de bronze	Коло доору	kolo dooru
période (f) glaciaire	Муз доору	muz dooru
tribu (f)	уруу	uruu
cannibale (m)	адам жегич	adam dʒegitʃ
chasseur (m)	аңчы	aŋtʃı
chasser (vi, vt)	аңчылык кылуу	aŋtʃılık kıluu
mammouth (m)	мамонт	mamont
caverne (f)	үңкүр	yŋkyr
feu (m)	от	ot
feu (m) de bois	от	ot
dessin (m) rupestre	ташка чегерилген сүрөт	taʃka tʃegerilgen syrøt
outil (m)	эмгек куралы	emgek kuralı
lance (f)	найза	najza
hache (f) en pierre	таш балта	taʃ balta
faire la guerre	согушуу	soguʃuu
domestiquer (vt)	колго көндүрүү	kolgo køndyryy
idole (f)	бут	but
adorer, vénérer (vt)	сыйынуу	sıjınuu
superstition (f)	жок нерсеге ишенүү	dʒok nersege iʃenyy
rite (m)	ырым-жырым	ırım-dʒırım
évolution (f)	эволюция	evolɥtsija
développement (m)	өнүгүү	ønygyy
disparition (f)	жок болуу	dʒok boluu
s'adapter (vp)	ылайыкташуу	ılajıktaʃuu
archéologie (f)	археология	arχeologija
archéologue (m)	археолог	arχeolog
archéologique (adj)	археологиялык	arχeologijalık

site (m) d'excavation	казуу жери	kazuu dʒeri
fouilles (f pl)	казуу иштери	kazuu iʃteri
trouvaille (f)	табылга	tabılga
fragment (m)	фрагмент	fragment

116. Le Moyen Âge

peuple (m)	эл	el
peuples (m pl)	элдер	elder
tribu (f)	уруу	uruu
tribus (f pl)	уруулар	uruular

Barbares (m pl)	варварлар	varvarlar
Gaulois (m pl)	галлдар	galldar
Goths (m pl)	готтор	gottor
Slaves (m pl)	славяндар	slavʲandar
Vikings (m pl)	викингдер	vikingder

| Romains (m pl) | римдиктер | rimdikter |
| romain (adj) | римдик | rimdik |

byzantins (m pl)	византиялыктар	vizantijalıktar
Byzance (f)	Византия	vizantija
byzantin (adj)	византиялык	vizantijalık

empereur (m)	император	imperator
chef (m)	башчы	baʃtʃı
puissant (adj)	кудуреттүү	kudurettyy
roi (m)	король, падыша	korolʲ, padıʃa
gouverneur (m)	башкаруучу	baʃkaruutʃu

chevalier (m)	рыцарь	rıtsarʲ
féodal (m)	феодал	feodal
féodal (adj)	феодалдуу	feodalduu
vassal (m)	вассал	vassal

duc (m)	герцог	gertsog
comte (m)	граф	graf
baron (m)	барон	baron
évêque (m)	епископ	episkop

armure (f)	курал жана соот-шайман	kural dʒana soot-ʃajman
bouclier (m)	калкан	kalkan
glaive (m)	кылыч	kılıtʃ
visière (f)	туулганын бет калканы	tuulganın bet kalkanı
cotte (f) de mailles	зоот	zoot

| croisade (f) | крест астындагы черүү | krest astındagı tʃeryy |
| croisé (m) | черүүгө чыгуучу | tʃeryygø tʃıguutʃu |

territoire (m)	аймак	ajmak
attaquer (~ un pays)	кол салуу	kol saluu
conquérir (vt)	ээ болуу	ee boluu
occuper (envahir)	басып алуу	basıp aluu

siège (m)	тегеректеп курчоо	tegerektep kurtʃoo
assiégé (adj)	курчалган	kurtʃalgan
assiéger (vt)	курчоого алуу	kurtʃoogo aluu

inquisition (f)	инквизиция	inkvizitsija
inquisiteur (m)	инквизитор	inkvizitor
torture (f)	кыйноо	kɯjnoo
cruel (adj)	ырайымсыз	ɯrajɯmsɯz
hérétique (m)	еретик	eretik
hérésie (f)	ересь	eresʲ

navigation (f) en mer	деңизде сүзүү	deŋizde syzyy
pirate (m)	деңиз каракчысы	deŋiz karaktʃɯsɯ
piraterie (f)	деңиз каракчылыгы	deŋiz karaktʃɯlɯgɯ
abordage (m)	абордаж	abordadʒ
butin (m)	олжо	oldʒo
trésor (m)	казына	kazɯna

découverte (f)	ачылыш	atʃɯlɯʃ
découvrir (vt)	таап ачуу	taap atʃuu
expédition (f)	экспедиция	ekspeditsija

mousquetaire (m)	мушкетёр	muʃketʲor
cardinal (m)	кардинал	kardinal
héraldique (f)	геральдика	geralʲdika
héraldique (adj)	гералдык	geraldɯk

117. Les dirigeants. Les responsables. Les autorités

roi (m)	король, падыша	korolʲ, padɯʃa
reine (f)	ханыша	χanɯʃa
royal (adj)	падышалык	padɯʃalɯk
royaume (m)	падышалык	padɯʃalɯk

prince (m)	канзаада	kanzaada
princesse (f)	ханбийке	χanbijke

président (m)	президент	prezident
vice-président (m)	вице-президент	vitse-prezident
sénateur (m)	сенатор	senator

monarque (m)	монарх	monarχ
gouverneur (m)	башкаруучу	baʃkaruutʃu
dictateur (m)	диктатор	diktator
tyran (m)	зулум	zulum
magnat (m)	магнат	magnat

directeur (m)	директор	direktor
chef (m)	башчы	baʃtʃɯ
gérant (m)	башкаруучу	baʃkaruutʃu
boss (m)	шеф	ʃef
patron (m)	кожоюн	kodʒodʒʉn
leader (m)	алдыңкы катардагы	aldɯŋkɯ katardagɯ
chef (m) (~ d'une délégation)	башчы	baʃtʃɯ

autorités (f pl)	бийликтер	bijlikter
supérieurs (m pl)	башчылар	baʃʧılar
gouverneur (m)	губернатор	gubernator
consul (m)	консул	konsul
diplomate (m)	дипломат	diplomat
maire (m)	мэр	mer
shérif (m)	шериф	ʃerif
empereur (m)	император	imperator
tsar (m)	падыша	padıʃa
pharaon (m)	фараон	faraon
khan (m)	хан	χan

118. Les crimes. Les criminels. Partie 1

bandit (m)	ууру-кески	uuru-keski
crime (m)	кылмыш	kılmıʃ
criminel (m)	кылмышкер	kılmıʃker
voleur (m)	ууру	uuru
voler (qch à qn)	уурдоо	uurdoo
vol (m) (activité)	уруулук	uruuluk
vol (m) (~ à la tire)	уурдоо	uurdoo
kidnapper (vt)	ала качуу	ala katʃuu
kidnapping (m)	ала качуу	ala katʃuu
kidnappeur (m)	ала качуучу	ala katʃuutʃu
rançon (f)	кутказуу акчасы	kutkazuu aktʃası
exiger une rançon	кутказуу акчага талап коюу	kutkazuu aktʃaga talap kojuu
cambrioler (vt)	тоноо	tonoo
cambriolage (m)	тоноо	tonoo
cambrioleur (m)	тоноочу	tonootʃu
extorquer (vt)	опузалоо	opuzaloo
extorqueur (m)	опузалоочу	opuzalootʃu
extorsion (f)	опуза	opuza
tuer (vt)	өлтүрүү	øltyryy
meurtre (m)	өлтүрүү	øltyryy
meurtrier (m)	киши өлтүргүч	kiʃi øltyrgytʃ
coup (m) de feu	атылуу	atıluu
tirer un coup de feu	атуу	atuu
abattre (par balle)	атып салуу	atıp saluu
tirer (vi)	атуу	atuu
coups (m pl) de feu	атышуу	atıʃuu
incident (m)	окуя	okuja
bagarre (f)	уруш	uruʃ
Au secours!	Жардамга!	dʒardamga!

victime (f)	жапа чеккен	dʒapa tʃekken
endommager (vt)	зыян келтирүү	zıjan keltiryy
dommage (m)	залал	zalal
cadavre (m)	өлүк	ølyk
grave (~ crime)	оор	oor

attaquer (vt)	кол салуу	kol saluu
battre (frapper)	уруу	uruu
passer à tabac	ур-токмокко алуу	ur-tokmokko aluu
prendre (voler)	тартып алуу	tartıp aluu
poignarder (vt)	союп өлтүрүү	sojup øltyryy
mutiler (vt)	майып кылуу	majıp kıluu
blesser (vt)	жарадар кылуу	dʒaradar kıluu

chantage (m)	шантаж кылуу	ʃantadʒ kıluu
faire chanter	шантаждоо	ʃantadʒdoo
maître (m) chanteur	шантажист	ʃantadʒist

racket (m) de protection	рэкет	reket
racketteur (m)	рэкетир	reketir
gangster (m)	гангстер	gangster
mafia (f)	мафия	mafija

pickpocket (m)	чөнтөк ууру	tʃøntøk uuru
cambrioleur (m)	бузуп алуучу ууру	buzup aluutʃu uuru
contrebande (f) (trafic)	контрабанда	kontrabanda
contrebandier (m)	контрабандачы	kontrabandatʃı

contrefaçon (f)	окшотуп жасоо	okʃotup dʒasoo
falsifier (vt)	жасалмалоо	dʒasalmaloo
faux (falsifié)	жасалма	dʒasalma

110. Les crimes. Les criminels. Partie 2

viol (m)	зордуктоо	zorduktoo
violer (vt)	зордуктоо	zorduktoo
violeur (m)	зордукчул	zorduktʃul
maniaque (m)	маньяк	manjak

prostituée (f)	сойку	sojku
prostitution (f)	сойкучулук	sojkutʃuluk
souteneur (m)	жак бакты	dʒak baktı

drogué (m)	баңги	baŋgi
trafiquant (m) de drogue	баңгизат сатуучу	baŋgizat satuutʃu

faire exploser	жардыруу	dʒardıruu
explosion (f)	жарылуу	dʒarıluu
mettre feu	өрттөө	ørttøø
incendiaire (m)	өрттөөчү	ørttøøtʃy

terrorisme (m)	терроризм	terrorizm
terroriste (m)	террорист	terrorist
otage (m)	заложник	zalodʒnik

escroquer (vt)	алдоо	aldoo
escroquerie (f)	алдамчылык	aldamtʃılık
escroc (m)	алдамчы	aldamtʃı
soudoyer (vt)	сатып алуу	satıp aluu
corruption (f)	сатып алуу	satıp aluu
pot-de-vin (m)	пара	para
poison (m)	уу	uu
empoisonner (vt)	ууландыруу	uulandıruu
s'empoisonner (vp)	уулануу	uulanuu
suicide (m)	жанын кыюу	dʒanın kıdʒuu
suicidé (m)	жанын кыйгыч	dʒanın kıjgıtʃ
menacer (vt)	коркутуу	korkutuu
menace (f)	коркунуч	korkunutʃ
attenter (vt)	кол салуу	kol saluu
attentat (m)	кол салуу	kol saluu
voler (un auto)	айдап кетүү	ajdap ketyy
détourner (un avion)	ала качуу	ala katʃuu
vengeance (f)	кек	kek
se venger (vp)	өч алуу	øtʃ aluu
torturer (vt)	кыйноо	kıjnoo
torture (f)	кыйноо	kıjnoo
tourmenter (vt)	азапка салуу	azapka saluu
pirate (m)	деңиз каракчысы	deŋiz karaktʃısı
voyou (m)	бейбаш	bejbaʃ
armé (adj)	куралданган	kuraldangan
violence (f)	зордук	zorduk
illégal (adj)	мыйзамдан тыш	mıjzamdan tıʃ
espionnage (m)	тыңчылык	tıŋtʃılık
espionner (vt)	тыңчылык кылуу	tıŋtʃılık kıluu

120. La police. La justice. Partie 1

justice (f)	адилеттүү сот	adilettyy sot
tribunal (m)	сот	sot
juge (m)	сот	sot
jury (m)	сот калыстары	sot kalıstarı
cour (f) d'assises	калыстар соту	sot
juger (vt)	сотко тартуу	sotko tartuu
avocat (m)	жактоочу	dʒaktootʃu
accusé (m)	сот жообуна тартылган киши	sot dʒoobuna tartılgan kiʃi
banc (m) des accusés	соттуулар отуруучу орун	sottuular oturuutʃu orun
inculpation (f)	айыптоо	ajıptoo

inculpé (m)	айыпталуучу	ajıptaluutʃu
condamnation (f)	өкүм	økym
condamner (vt)	өкүм чыгаруу	økym tʃıgaruu
coupable (m)	күнөөкөр	kynøøkør
punir (vt)	жазалоо	dʒazaloo
punition (f)	жаза	dʒaza
amende (f)	айып	ajıp
détention (f) à vie	өмүр бою	ømyr boju
peine (f) de mort	өлүм жазасы	ølym dʒazası
chaise (f) électrique	электр столу	elektr stolu
potence (f)	дарга	darga
exécuter (vt)	өлүм жазасын аткаруу	ølym dʒazasın atkaruu
exécution (f)	өлүм жазасын аткаруу	ølym dʒazasın atkaruu
prison (f)	түрмө	tyrmø
cellule (f)	камера	kamera
escorte (f)	конвой	konvoj
gardien (m) de prison	түрмө сакчысы	tyrmø saktʃısı
prisonnier (m)	камактагы адам	kamaktagı adam
menottes (f pl)	кишен	kiʃen
mettre les menottes	кишен кийгизүү	kiʃen kijgizyy
évasion (f)	качуу	katʃuu
s'évader (vp)	качуу	katʃuu
disparaître (vi)	жоголуп кетүү	dʒogolup ketyy
libérer (vt)	бошотуу	boʃotuu
amnistie (f)	амнистия	amnistija
police (f)	полиция	politsija
policier (m)	полиция кызматкери	politsija kızmatkeri
commissariat (m) de police	полиция бөлүмү	politsija bølymy
matraque (f)	резина союлчасы	rezina sojultʃası
haut parleur (m)	керней	kernej
voiture (f) de patrouille	жол күзөт машинасы	dʒol kyzøt maʃinası
sirène (f)	сирена	sirena
enclencher la sirène	сиренаны басуу	sirenanı basuu
hurlement (m) de la sirène	сиренанын боздошу	sirenanın bozdoʃu
lieu (m) du crime	кылмыш болгон жер	kılmıʃ bolgon dʒer
témoin (m)	күбө	kybø
liberté (f)	эркиндик	erkindik
complice (m)	шерик	ʃerik
s'enfuir (vp)	из жашыруу	iz dʒaʃıruu
trace (f)	из	iz

121. La police. La justice. Partie 2

recherche (f)	издөө	izdøø
rechercher (vt)	... издөө	... izdøø

T&P Books. Vocabulaire Français-Kirghize pour l'autoformation - 5000 mots

suspicion (f)	шек	ʃek
suspect (adj)	шектүү	ʃektyy
arrêter (dans la rue)	токтотуу	toktotuu
détenir (vt)	кармоо	karmoo

affaire (f) (~ pénale)	иш	iʃ
enquête (f)	териштирүү	teriʃtiryy
détective (m)	аңдуучу	aŋduutʃu
enquêteur (m)	тергөөчү	tergøøtʃy
hypothèse (f)	жоромол	dʒoromol

motif (m)	себеп	sebep
interrogatoire (m)	сурак	surak
interroger (vt)	суракка алуу	surakka aluu
interroger (~ les voisins)	сураштыруу	suraʃtıruu
inspection (f)	текшерүү	tekʃeryy

rafle (f)	тегеректөө	tegerektøø
perquisition (f)	тинтүү	tintyy
poursuite (f)	куу	kuu
poursuivre (vt)	изине түшүү	izine tyʃyy
dépister (vt)	изине түшүү	izine tyʃyy

arrestation (f)	камак	kamak
arrêter (vt)	камакка алуу	kamakka aluu
attraper (~ un criminel)	кармоо	karmoo
capture (f)	колго түшүрүү	kolgo tyʃyryy

document (m)	документ	dokument
preuve (f)	далил	dalil
prouver (vt)	далилдөө	dalildøø
empreinte (f) de pied	из	iz
empreintes (f pl) digitales	манжанын изи	mandʒanın izi
élément (m) de preuve	далил	dalil

alibi (m)	алиби	alibi
innocent (non coupable)	бейкүнөө	bejkynøø
injustice (f)	адилетсиздик	adiletsizdik
injuste (adj)	адилетсиз	adiletsiz

criminel (adj)	кылмыштуу	kılmıʃtuu
confisquer (vt)	тартып алуу	tartıp aluu
drogue (f)	баңгизат	baŋgizat
arme (f)	курал	kural
désarmer (vt)	куралсыздандыруу	kuralsızdandıruu
ordonner (vt)	буйрук берүү	bujruk beryy
disparaître (vi)	жоголуп кетүү	dʒogolup ketyy

loi (f)	мыйзам	mıjzam
légal (adj)	мыйзамдуу	mıjzamduu
illégal (adj)	мыйзамдан тыш	mıjzamdan tıʃ

responsabilité (f)	жоопкерчилик	dʒoopkertʃilik
responsable (adj)	жоопкерчиликтүү	dʒoopkertʃiliktyy

LA NATURE

La Terre. Partie 1

122. L'espace cosmique

cosmos (m)	космос	kosmos
cosmique (adj)	космос	kosmos
espace (m) cosmique	космос мейкиндиги	kosmos mejkindigi
monde (m)	дүйнө	dyjnø
univers (m)	аалам	aalam
galaxie (f)	галактика	galaktika
étoile (f)	жылдыз	dʒɪldɪz
constellation (f)	жылдыздар	dʒɪldɪzdar
planète (f)	планета	planeta
satellite (m)	жолдош	dʒoldoʃ
météorite (m)	метеорит	meteorit
comète (f)	комета	kometa
astéroïde (m)	астероид	asteroid
orbite (f)	орбита	orbita
tourner (vi)	айлануу	ajlanuu
atmosphère (f)	атмосфера	atmosfera
Soleil (m)	күн	kyn
système (m) solaire	күн системасы	kyn sistemasɪ
éclipse (f) de soleil	күндүн тутулушу	kyndyn tutuluʃu
Terre (f)	Жер	dʒer
Lune (f)	Ай	aj
Mars (m)	Марс	mars
Vénus (f)	Венера	venera
Jupiter (m)	Юпитер	jʉpiter
Saturne (m)	Сатурн	saturn
Mercure (m)	Меркурий	merkurij
Uranus (m)	Уран	uran
Neptune	Нептун	neptun
Pluton (m)	Плутон	pluton
la Voie Lactée	Саманчынын жолу	samantʃɪnɪn dʒolu
la Grande Ours	Чоң Жетиген	tʃoŋ dʒetigen
la Polaire	Полярдык Жылдыз	polʲardɪk dʒɪldɪz
martien (m)	марсианин	marsianin
extraterrestre (m)	инопланетянин	inoplanetʲanin

alien (m)	келгин	kelgin
soucoupe (f) volante	учуучу табак	uʧuuʧu tabak
vaisseau (m) spatial	космос кемеси	kosmos kemesi
station (f) orbitale	орбитадагы станция	orbitadagı stantsija
lancement (m)	старт	start
moteur (m)	кыймылдаткыч	kıjmıldatkıʧ
tuyère (f)	сопло	soplo
carburant (m)	күйүүчү май	kyjyyʧy may
cabine (f)	кабина	kabina
antenne (f)	антенна	antenna
hublot (m)	иллюминатор	illuminator
batterie (f) solaire	күн батареясы	kyn batarejası
scaphandre (m)	скафандр	skafandr
apesanteur (f)	салмаксыздык	salmaksızdık
oxygène (m)	кислород	kislorod
arrimage (m)	жалгаштыруу	dʒalgaʃtıruu
s'arrimer à ...	жалгаштыруу	dʒalgaʃtıruu
observatoire (m)	обсерватория	observatorija
télescope (m)	телескоп	teleskop
observer (vt)	байкоо	bajkoo
explorer (un cosmos)	изилдөө	izildøø

123. La Terre

Terre (f)	Жер	dʒer
globe (m) terrestre	жер шары	dʒer ʃarı
planète (f)	планета	planeta
atmosphère (f)	атмосфера	atmosfera
géographie (f)	география	geografija
nature (f)	табийгат	tabijgat
globe (m) de table	глобус	globus
carte (f)	карта	karta
atlas (m)	атлас	atlas
Europe (f)	Европа	evropa
Asie (f)	Азия	azija
Afrique (f)	Африка	afrika
Australie (f)	Австралия	avstralija
Amérique (f)	Америка	amerika
Amérique (f) du Nord	Северная Америка	severnaja amerika
Amérique (f) du Sud	Южная Америка	jɵdʒnaja amerika
l'Antarctique (m)	Антарктида	antarktida
l'Arctique (m)	Арктика	arktika

124. Les quatre parties du monde

nord (m)	түндүк	tyndyk
vers le nord	түндүккө	tyndykkø
au nord	түндүктө	tyndyktø
du nord (adj)	түндүк	tyndyk
sud (m)	түштүк	tyʃtyk
vers le sud	түштүккө	tyʃtykkø
au sud	түштүктө	tyʃtyktø
du sud (adj)	түштүк	tyʃtyk
ouest (m)	батыш	batıʃ
vers l'occident	батышка	batıʃka
à l'occident	батышта	batıʃta
occidental (adj)	батыш	batıʃ
est (m)	чыгыш	tʃıgıʃ
vers l'orient	чыгышка	tʃıgıʃka
à l'orient	чыгышта	tʃıgıʃta
oriental (adj)	чыгыш	tʃıgıʃ

125. Les océans et les mers

mer (f)	деңиз	deŋiz
océan (m)	мухит	muχit
golfe (m)	булуң	buluŋ
détroit (m)	кысык	kısık
terre (f) ferme	жер	dʒer
continent (m)	материк	materik
île (f)	арал	aral
presqu'île (f)	жарым арал	dʒarım aral
archipel (m)	архипелаг	arχipelag
baie (f)	булуң	buluŋ
port (m)	гавань	gavanʲ
lagune (f)	лагуна	laguna
cap (m)	тумшук	tumʃuk
atoll (m)	атолл	atoll
récif (m)	риф	rif
corail (m)	маржан	mardʒan
récif (m) de corail	маржан рифи	mardʒan rifi
profond (adj)	терең	tereŋ
profondeur (f)	терендик	tereŋdik
abîme (m)	түбү жок	tyby dʒok
fosse (f) océanique	ойдуң	ojduŋ
courant (m)	агым	agım
baigner (vt) (mer)	курчап туруу	kurtʃap turuu

littoral (m)	жээк	dʒeek
côte (f)	жээк	dʒeek

marée (f) haute	суунун көтөрүлүшү	suunun køtørylyʃy
marée (f) basse	суунун тартылуусу	suunun tartıluusu
banc (m) de sable	тайыздык	tajızdık
fond (m)	суунун түбү	suunun tyby

vague (f)	толкун	tolkun
crête (f) de la vague	толкундун кыры	tolkundun kırı
mousse (f)	көбүк	købyk

tempête (f) en mer	бороон чапкын	boroon tʃapkın
ouragan (m)	бороон	boroon
tsunami (m)	цунами	tsunami
calme (m)	штиль	ʃtilʲ
calme (tranquille)	тынч	tıntʃ

pôle (m)	уюл	ujʉl
polaire (adj)	полярдык	polʲardık

latitude (f)	кеңдик	keŋdik
longitude (f)	узундук	uzunduk
parallèle (f)	параллель	parallelʲ
équateur (m)	экватор	ekvator

ciel (m)	асман	asman
horizon (m)	горизонт	gorizont
air (m)	аба	aba

phare (m)	маяк	majak
plonger (vi)	сүңгүү	syŋgyy
sombrer (vi)	чөгүп кетүү	tʃøgyp ketyy
trésor (m)	казына	kazına

126. Les noms des mers et des océans

océan (m) Atlantique	Атлантика мухити	atlantika muχiti
océan (m) Indien	Индия мухити	indija muχiti
océan (m) Pacifique	Тынч мухити	tıntʃ muχiti
océan (m) Glacial	Түндүк Муз мухити	tyndyk muz muχiti

mer (f) Noire	Кара деңиз	kara deŋiz
mer (f) Rouge	Кызыл деңиз	kızıl deŋiz
mer (f) Jaune	Сары деңиз	sarı deŋiz
mer (f) Blanche	Ак деңиз	ak deŋiz

mer (f) Caspienne	Каспий деңизи	kaspij deŋizi
mer (f) Morte	Өлүк деңиз	ølyk deŋiz
mer (f) Méditerranée	Жер Ортолук деңиз	dʒer ortoluk deŋiz

mer (f) Égée	Эгей деңизи	egej deŋizi
mer (f) Adriatique	Адриатика деңизи	adriatika deŋizi
mer (f) Arabique	Аравия деңизи	aravija deŋizi

mer (f) du Japon	Япон деңизи	japon deŋizi
mer (f) de Béring	Беринг деңизи	bering deŋizi
mer (f) de Chine Méridionale	Түштүк-Кытай деңизи	tyʃtyk-kıtaj deŋizi
mer (f) de Corail	Маржан деңизи	mardʒan deŋizi
mer (f) de Tasman	Тасман деңизи	tasman deŋizi
mer (f) Caraïbe	Кариб деңизи	karib deŋizi
mer (f) de Barents	Баренц деңизи	barents deŋizi
mer (f) de Kara	Карск деңизи	karsk deŋizi
mer (f) du Nord	Түндүк деңиз	tyndyk deŋiz
mer (f) Baltique	Балтика деңизи	baltika deŋizi
mer (f) de Norvège	Норвегиялык деңизи	norvegijalık deŋizi

127. Les montagnes

montagne (f)	тоо	too
chaîne (f) de montagnes	тоо тизмеги	too tizmegi
crête (f)	тоо кыркалары	too kırkaları
sommet (m)	чоку	tʃoku
pic (m)	чоку	tʃoku
pied (m)	тоо этеги	too etegi
pente (f)	эңкейиш	eŋkejiʃ
volcan (m)	вулкан	vulkan
volcan (m) actif	күйүп жаткан	kyjyp dʒatkan
volcan (m) éteint	өчүп калган вулкан	øtʃyp kalgan vulkan
éruption (f)	атырылып чыгуу	atırılıp tʃıguu
cratère (m)	кратер	krater
magma (m)	магма	magma
lave (f)	лава	lava
en fusion (lave ~)	кызыган	kızıgan
canyon (m)	каньон	kanjon
défilé (m) (gorge)	капчыгай	kaptʃıgaj
crevasse (f)	жарака	dʒaraka
précipice (m)	жар	dʒar
col (m) de montagne	ашуу	aʃuu
plateau (m)	дөңсөө	døŋsøø
rocher (m)	зоока	zooka
colline (f)	дөбө	døbø
glacier (m)	муз	muz
chute (f) d'eau	шаркыратма	ʃarkıratma
geyser (m)	гейзер	gejzer
lac (m)	көл	køl
plaine (f)	түздүк	tyzdyk
paysage (m)	теребел	terebel
écho (m)	жаңырык	dʒaŋırık

alpiniste (m)	альпинист	alʲpinist
varappeur (m)	скалолаз	skalolaz
conquérir (vt)	багындыруу	bagındıruu
ascension (f)	тоонун чокусуна чыгуу	toonun tʃokusuna tʃıguu

128. Les noms des chaînes de montagne

Alpes (f pl)	Альп тоолору	alʲp tooloru
Mont Blanc (m)	Монблан	monblan
Pyrénées (f pl)	Пиреней тоолору	pirenej tooloru
Carpates (f pl)	Карпат тоолору	karpat tooloru
Monts Oural (m pl)	Урал тоолору	ural tooloru
Caucase (m)	Кавказ тоолору	kavkaz tooloru
Elbrous (m)	Эльбрус	elʲbrus
Altaï (m)	Алтай тоолору	altaj tooloru
Tian Chan (m)	Тянь-Шань	tjanʲ-ʃanʲ
Pamir (m)	Памир тоолору	pamir tooloru
Himalaya (m)	Гималай тоолору	gimalaj tooloru
Everest (m)	Эверест	everest
Andes (f pl)	Анд тоолору	and tooloru
Kilimandjaro (m)	Килиманджаро	kilimandʒaro

129. Les fleuves

rivière (f), fleuve (m)	дарыя	darıja
source (f)	булак	bulak
lit (m) (d'une rivière)	сай	saj
bassin (m)	бассейн	bassejn
se jeter dans ...	... куюу	... kujʉu
affluent (m)	куйма	kujma
rive (f)	жээк	dʒeek
courant (m)	агым	agım
en aval	агым боюнча	agım bojʉntʃa
en amont	агымга каршы	agımga karʃı
inondation (f)	ташкын	taʃkın
les grandes crues	суу ташкыны	suu taʃkını
déborder (vt)	дайранын ташышы	dajranın taʃıʃı
inonder (vt)	суу каптоо	suu kaptoo
bas-fond (m)	тайыздык	tajızdık
rapide (m)	босого	bosogo
barrage (m)	тогоон	togoon
canal (m)	канал	kanal
lac (m) de barrage	суу сактагыч	suu saktagıtʃ
écluse (f)	шлюз	ʃlʉz

plan (m) d'eau	келме	kølmø
marais (m)	саз	saz
fondrière (f)	баткак	batkak
tourbillon (m)	айлампа	ajlampa
ruisseau (m)	суу	suu
potable (adj)	ичилчү суу	itʃiltʃy suu
douce (l'eau ~)	тузсуз	tuzsuz
glace (f)	муз	muz
être gelé	тоңуп калуу	toŋup kaluu

130. Les noms des fleuves

Seine (f)	Сена	sena
Loire (f)	Луара	luara
Tamise (f)	Темза	temza
Rhin (m)	Рейн	rejn
Danube (m)	Дунай	dunaj
Volga (f)	Волга	volga
Don (m)	Дон	don
Lena (f)	Лена	lena
Huang He (m)	Хуанхэ	χuanχe
Yangzi Jiang (m)	Янцзы	jantszı
Mékong (m)	Меконг	mekong
Gange (m)	Ганг	gang
Nil (m)	Нил	nil
Congo (m)	Конго	kongo
Okavango (m)	Окаванго	okavango
Zambèze (m)	Замбези	zambezi
Limpopo (m)	Лимпопо	limpopo
Mississippi (m)	Миссисипи	missisipi

131. La forêt

forêt (f)	токой	tokoj
forestier (adj)	токойлуу	tokojluu
fourré (m)	чытырман токой	tʃıtırman tokoj
bosquet (m)	токойчо	tokojtʃo
clairière (f)	аянт	ajant
broussailles (f pl)	бадал	badal
taillis (m)	бадал	badal
sentier (m)	чыйыр жол	tʃıjır dʒol
ravin (m)	жар	dʒar
arbre (m)	дарак	darak

T&P Books. Vocabulaire Français-Kirghize pour l'autoformation - 5000 mots

| feuille (f) | жалбырак | dʒalbırak |
| feuillage (m) | жалбырак | dʒalbırak |

chute (f) de feuilles	жалбырак түшүү мезгили	dʒalbırak tyʃyy mezgili
tomber (feuilles)	түшүү	tyʃyy
sommet (m)	чоку	tʃoku

rameau (m)	бутак	butak
branche (f)	бутак	butak
bourgeon (m)	бүчүр	bytʃyr
aiguille (f)	ийне	ijne
pomme (f) de pin	тобурчак	toburtʃak

creux (m)	көңдөй	køŋdøj
nid (m)	уя	uja
terrier (m) (~ d'un renard)	ийин	ijin

tronc (m)	сөңгөк	søŋgøk
racine (f)	тамыр	tamır
écorce (f)	кыртыш	kırtıʃ
mousse (f)	мох	moχ

déraciner (vt)	дүмүрүн казуу	dymyryn kazuu
abattre (un arbre)	кыюу	kıjuu
déboiser (vt)	токойду кыюу	tokojdu kıjuu
souche (f)	дүмүр	dymyr

feu (m) de bois	от	ot
incendie (m)	өрт	ørt
éteindre (feu)	өчүрүү	øtʃyryy

garde (m) forestier	токойчу	tokojtʃu
protection (f)	өсүмдүктөрдү коргоо	øsymdyktørdy korgoo
protéger (vt)	сактоо	saktoo
braconnier (m)	браконьер	brakonjer
piège (m) à mâchoires	капкан	kapkan

cueillir (champignons)	терүү	teryy
cueillir (baies)	терүү	teryy
s'égarer (vp)	адашып кетүү	adaʃıp ketyy

132. Les ressources naturelles

ressources (f pl) naturelles	жаратылыш байлыктары	dʒaratılıʃ bajlıktarı
minéraux (m pl)	пайдалуу кендер	pajdaluu kender
gisement (m)	кен	ken
champ (m) (~ pétrolifère)	кендүү жер	kendyy dʒer

extraire (vt)	казуу	kazuu
extraction (f)	казуу	kazuu
minerai (m)	кен	ken
mine (f) (site)	шахта	ʃaχta
puits (m) de mine	шахта	ʃaχta
mineur (m)	кенчи	kentʃi

gaz (m)	газ	gaz
gazoduc (m)	газопровод	gazoprovod
pétrole (m)	мунайзат	munajzat
pipeline (m)	мунайзар түтүгү	munajzar tytygy
tour (f) de forage	мунайзат скважинасы	munajzat skvadʒınası
derrick (m)	мунайзат мунарасы	munajzat munarası
pétrolier (m)	танкер	tanker
sable (m)	кум	kum
calcaire (m)	акиташ	akitaʃ
gravier (m)	шагыл	ʃagıl
tourbe (f)	торф	torf
argile (f)	ылай	ılaj
charbon (m)	көмүр	kømyr
fer (m)	темир	temir
or (m)	алтын	altın
argent (m)	күмүш	kymyʃ
nickel (m)	никель	nikelʲ
cuivre (m)	жез	dʒez
zinc (m)	цинк	tsınk
manganèse (m)	марганец	marganets
mercure (m)	сымап	sımap
plomb (m)	коргошун	korgoʃun
minéral (m)	минерал	mineral
cristal (m)	кристалл	kristall
marbre (m)	мрамор	mramor
uranium (m)	уран	uran

La Terre. Partie 2

133. Le temps

temps (m)	аба-ырайы	aba-ırajı
météo (f)	аба-ырайы боюнча маалымат	aba-ırajı bojuntʃa maalımat
température (f)	температура	temperatura
thermomètre (m)	термометр	termometr
baromètre (m)	барометр	barometr
humide (adj)	нымдуу	nımduu
humidité (f)	ным	nım
chaleur (f) (canicule)	ысык	ısık
torride (adj)	кыйын ысык	kıjın ısık
il fait très chaud	ысык	ısık
il fait chaud	жылуу	dʒıluu
chaud (modérément)	жылуу	dʒıluu
il fait froid	суук	suuk
froid (adj)	суук	suuk
soleil (m)	күн	kyn
briller (soleil)	күн тийүү	kyn tijyy
ensoleillé (jour ~)	күн ачык	kyn atʃık
se lever (vp)	чыгуу	tʃıguu
se coucher (vp)	батуу	batuu
nuage (m)	булут	bulut
nuageux (adj)	булуттуу	buluttuu
nuée (f)	булут	bulut
sombre (adj)	күн бүркөк	kyn byrkøk
pluie (f)	жамгыр	dʒamgır
il pleut	жамгыр жаап жатат	dʒamgır dʒaap dʒatat
pluvieux (adj)	жаандуу	dʒaanduu
bruiner (v imp)	дыбыратуу	dıbıratuu
pluie (f) torrentielle	нөшөрлөгөн жаан	nøʃørløgøn dʒaan
averse (f)	нөшөр	nøʃør
forte (la pluie ~)	катуу	katuu
flaque (f)	көлчүк	køltʃyk
se faire mouiller	суу болуу	suu boluu
brouillard (m)	туман	tuman
brumeux (adj)	тумандуу	tumanduu
neige (f)	кар	kar
il neige	кар жаап жатат	kar dʒaap dʒatat

134. Les intempéries. Les catastrophes naturelles

orage (m)	чагылгандуу жаан	tʃagılganduu dʒaan
éclair (m)	чагылган	tʃagılgan
éclater (foudre)	жарк этүү	dʒark etyy
tonnerre (m)	күн күркүрөө	kyn kyrkyrøø
gronder (tonnerre)	күн күркүрөө	kyn kyrkyrøø
le tonnerre gronde	күн күркүрөп жатат	kyn kyrkyrøp dʒatat
grêle (f)	мөндүр	møndyr
il grêle	мөндүр түшүп жатат	møndyr tyʃyp dʒatat
inonder (vt)	суу каптоо	suu kaptoo
inondation (f)	ташкын	taʃkın
tremblement (m) de terre	жер титирөө	dʒer titirøø
secousse (f)	жердин силкиниши	dʒerdin silkiniʃi
épicentre (m)	эпицентр	epitsentr
éruption (f)	атырылып чыгуу	atırılıp tʃıguu
lave (f)	лава	lava
tourbillon (m)	куюн	kujʉn
tornade (f)	торнадо	tornado
typhon (m)	тайфун	tajfun
ouragan (m)	бороон	boroon
tempête (f)	бороон чапкын	boroon tʃapkın
tsunami (m)	цунами	tsunami
cyclone (m)	циклон	tsıklon
intempéries (f pl)	жаан-чачындуу күн	dʒaan-tʃatʃınduu kyn
incendie (m)	өрт	ørt
catastrophe (f)	кыйроо	kıjroo
météorite (m)	метеорит	meteorit
avalanche (f)	көчкү	køtʃky
éboulement (m)	кар көчкүсү	kar køtʃkysy
blizzard (m)	кар бороону	kar boroonu
tempête (f) de neige	бурганак	burganak

La faune

135. Les mammifères. Les prédateurs

prédateur (m)	жырткыч	dʒırtkıtʃ
tigre (m)	жолборс	dʒolbors
lion (m)	арстан	arstan
loup (m)	карышкыр	karıʃkır
renard (m)	түлкү	tylky
jaguar (m)	ягуар	jaguar
léopard (m)	леопард	leopard
guépard (m)	гепард	gepard
panthère (f)	пантера	pantera
puma (m)	пума	puma
léopard (m) de neiges	илбирс	ilbirs
lynx (m)	сүлөөсүн	syløøsyn
coyote (m)	койот	kojot
chacal (m)	чөө	tʃøø
hyène (f)	гиена	giena

136. Les animaux sauvages

animal (m)	жаныбар	dʒanıbar
bête (f)	жапайы жаныбар	dʒapajı dʒanıbar
écureuil (m)	тыйын чычкан	tıjın tʃıtʃkan
hérisson (m)	кирпичечен	kirpitʃetʃen
lièvre (m)	коён	koen
lapin (m)	коён	koen
blaireau (m)	кашкулак	kaʃkulak
raton (m)	енот	enot
hamster (m)	хомяк	χomʲak
marmotte (f)	суур	suur
taupe (f)	момолой	momoloj
souris (f)	чычкан	tʃıtʃkan
rat (m)	келемиш	kelemiʃ
chauve-souris (f)	жарганат	dʒarganat
hermine (f)	арс чычкан	ars tʃıtʃkan
zibeline (f)	киш	kiʃ
martre (f)	суусар	suusar
belette (f)	ласка	laska
vison (m)	норка	norka

castor (m)	кемчет	kemtʃet
loutre (f)	кундуз	kunduz

cheval (m)	жылкы	dʒɪlkɪ
élan (m)	багыш	bagɪʃ
cerf (m)	бугу	bugu
chameau (m)	төө	tøø

bison (m)	бизон	bizon
aurochs (m)	зубр	zubr
buffle (m)	буйвол	bujvol

zèbre (m)	зебра	zebra
antilope (f)	антилопа	antilopa
chevreuil (m)	элик	elik
biche (f)	лань	lanʲ
chamois (m)	жейрен	dʒejren
sanglier (m)	каман	kaman

baleine (f)	кит	kit
phoque (m)	тюлень	tʉlenʲ
morse (m)	морж	mordʒ
ours (m) de mer	деңиз мышыгы	deŋiz mɪʃɪgɪ
dauphin (m)	дельфин	delʲfin

ours (m)	аюу	ajʉu
ours (m) blanc	ак аюу	ak ajʉu
panda (m)	панда	panda

singe (m)	маймыл	majmɪl
chimpanzé (m)	шимпанзе	ʃimpanze
orang-outang (m)	орангутанг	orangutang
gorille (m)	горилла	gorilla
macaque (m)	макака	makaka
gibbon (m)	гиббон	gibbon

éléphant (m)	пил	pil
rhinocéros (m)	керик	kerik
girafe (f)	жираф	dʒiraf
hippopotame (m)	бегемот	begemot

kangourou (m)	кенгуру	kenguru
koala (m)	коала	koala

mangouste (f)	мангуст	mangust
chinchilla (m)	шиншилла	ʃinʃilla
mouffette (f)	скунс	skuns
porc-épic (m)	чүткөр	tʃytkør

137. Les animaux domestiques

chat (m) (femelle)	ургаачы мышык	urgaatʃɪ mɪʃɪk
chat (m) (mâle)	эркек мышык	erkek mɪʃɪk
chien (m)	ит	it

cheval (m)	жылкы	dʒılkı
étalon (m)	айгыр	ajgır
jument (f)	бээ	bee
vache (f)	уй	uj
taureau (m)	бука	buka
bœuf (m)	өгүз	øgyz
brebis (f)	кой	koj
mouton (m)	кочкор	kotʃkor
chèvre (f)	эчки	etʃki
bouc (m)	теке	teke
âne (m)	эшек	eʃek
mulet (m)	качыр	katʃır
cochon (m)	чочко	tʃotʃko
pourceau (m)	торопой	toropoj
lapin (m)	коен	koen
poule (f)	тоок	took
coq (m)	короз	koroz
canard (m)	өрдөк	ørdøk
canard (m) mâle	эркек өрдөк	erkek ørdøk
oie (f)	каз	kaz
dindon (m)	күрп	kyrp
dinde (f)	ургаачы күрп	urgaatʃı kyrp
animaux (m pl) domestiques	үй жаныбарлары	yj dʒanıbarları
apprivoisé (adj)	колго үйрөтүлгөн	kolgo yjrøtylgøn
apprivoiser (vt)	колго үйрөтүү	kolgo yjrøtyy
élever (vt)	өстүрүү	østyryy
ferme (f)	ферма	ferma
volaille (f)	үй канаттулары	yj kanattuları
bétail (m)	мал	mal
troupeau (m)	бада	bada
écurie (f)	аткана	atkana
porcherie (f)	чочкокана	tʃotʃkokana
vacherie (f)	уйкана	ujkana
cabane (f) à lapins	коенкана	koenkana
poulailler (m)	тооканa	tookana

138. Les oiseaux

oiseau (m)	куш	kuʃ
pigeon (m)	көгүчкөн	køgytʃkøn
moineau (m)	таранчы	tarantʃı
mésange (f)	синица	sinitsa
pie (f)	сагызган	sagızgan
corbeau (m)	кузгун	kuzgun

corneille (f)	карга	karga
choucas (m)	таан	taan
freux (m)	чаркарга	tʃarkarga
canard (m)	өрдөк	ørdøk
oie (f)	каз	kaz
faisan (m)	кыргоол	kırgool
aigle (m)	бүркүт	byrkyt
épervier (m)	ителги	itelgi
faucon (m)	шумкар	ʃumkar
vautour (m)	жору	dʒoru
condor (m)	кондор	kondor
cygne (m)	аккуу	akkuu
grue (f)	турна	turna
cigogne (f)	илегилек	ilegilek
perroquet (m)	тотукуш	totukuʃ
colibri (m)	колибри	kolibri
paon (m)	тоос	toos
autruche (f)	төө куш	tøø kuʃ
héron (m)	көк кытан	køk kıtan
flamant (m)	фламинго	flamingo
pélican (m)	биргазан	birgazan
rossignol (m)	булбул	bulbul
hirondelle (f)	чабалекей	tʃabalekej
merle (m)	таркылдак	tarkıldak
grive (f)	сайрагыч таркылдак	sajragıtʃ tarkıldak
merle (m) noir	кара таңдай таркылдак	kara taŋdaj tarkıldak
martinet (m)	кардыгач	kardıgatʃ
alouette (f) des champs	торгой	torgoj
caille (f)	бөдөнө	bødønø
pivert (m)	тоңкулдак	toŋkuldak
coucou (m)	күкүк	kykyk
chouette (f)	мыкый үкү	mıkıj yky
hibou (m)	үкү	yky
tétras (m)	керең кур	kereŋ kur
tétras-lyre (m)	кара кур	kara kur
perdrix (f)	кекилик	kekilik
étourneau (m)	чыйырчык	tʃıjırtʃık
canari (m)	канарейка	kanarejka
gélinotte (f) des bois	токой чили	tokoj tʃili
pinson (m)	зяблик	zʲablik
bouvreuil (m)	снегирь	snegirʲ
mouette (f)	ак чардак	ak tʃardak
albatros (m)	альбатрос	alʲbatros
pingouin (m)	пингвин	pingvin

139. Les poissons. Les animaux marins

brème (f)	лещ	leʃtʃ
carpe (f)	карп	karp
perche (f)	окунь	okunʲ
silure (m)	жаян	dʒajan
brochet (m)	чортон	tʃorton
saumon (m)	лосось	lososʲ
esturgeon (m)	осётр	osʲotr
hareng (m)	сельдь	selʲdʲ
saumon (m) atlantique	сёмга	sʲomga
maquereau (m)	скумбрия	skumbrija
flet (m)	камбала	kambala
sandre (f)	судак	sudak
morue (f)	треска	treska
thon (m)	тунец	tunets
truite (f)	форель	forelʲ
anguille (f)	угорь	ugorʲ
torpille (f)	скат	skat
murène (f)	мурена	murena
piranha (m)	пиранья	piranja
requin (m)	акула	akula
dauphin (m)	дельфин	delʲfin
baleine (f)	кит	kit
crabe (m)	краб	krab
méduse (f)	медуза	meduza
pieuvre (f), poulpe (m)	сегиз бут	segiz but
étoile (f) de mer	деңиз жылдызы	deŋiz dʒıldızı
oursin (m)	деңиз кирписи	deŋiz kirpisi
hippocampe (m)	деңиз тайы	deŋiz tajı
huître (f)	устрица	ustritsa
crevette (f)	креветка	krevetka
homard (m)	омар	omar
langoustine (f)	лангуст	langust

140. Les amphibiens. Les reptiles

serpent (m)	жылан	dʒılan
venimeux (adj)	уулуу	uuluu
vipère (f)	кара чаар жылан	kara tʃaar dʒılan
cobra (m)	кобра	kobra
python (m)	питон	piton
boa (m)	удав	udav
couleuvre (f)	сары жылан	sarı dʒılan

serpent (m) à sonnettes	шакылдак жылан	ʃakıldak dʒılan
anaconda (m)	анаконда	anakonda

lézard (m)	кескелдирик	keskeldirik
iguane (m)	игуана	iguana
varan (m)	эчкемер	etʃkemer
salamandre (f)	саламандра	salamandra
caméléon (m)	хамелеон	χameleon
scorpion (m)	чаян	tʃajan

tortue (f)	ташбака	taʃbaka
grenouille (f)	бака	baka
crapaud (m)	курбака	kurbaka
crocodile (m)	крокодил	krokodil

141. Les insectes

insecte (m)	курт-кумурска	kurt-kumurska
papillon (m)	көпөлөк	køpøløk
fourmi (f)	кумурска	kumurska
mouche (f)	чымын	tʃımın
moustique (m)	чиркей	tʃirkej
scarabée (m)	коңуз	koŋuz

guêpe (f)	аары	aarı
abeille (f)	бал аары	bal aarı
bourdon (m)	жапан аары	dʒapan aarı
œstre (m)	көгөөн	køgøøn

araignée (f)	жөргөмүш	dʒørgømyʃ
toile (f) d'araignée	желе	dʒele

libellule (f)	ийнелик	ijnelik
sauterelle (f)	чегиртке	tʃogirtke
papillon (m)	көпөлөк	køpøløk

cafard (m)	таракан	tarakan
tique (f)	кене	kene
puce (f)	бүргө	byrgø
moucheron (m)	майда чымын	majda tʃımın

criquet (m)	чегиртке	tʃegirtke
escargot (m)	үлүл	ylyl
grillon (m)	кара чегиртке	kara tʃegirtke
luciole (f)	жалтырак коңуз	dʒaltırak koŋuz
coccinelle (f)	айланкөчөк	ajlankøtʃøk
hanneton (m)	саратан коңуз	saratan koŋuz

sangsue (f)	сүлүк	sylyk
chenille (f)	каз таман	kaz taman
ver (m)	жер курту	dʒer kurtu
larve (f)	курт	kurt

La flore

142. Les arbres

arbre (m)	геред	darak
à feuilles caduques	е екашпейстт	dʒalbıraktuu
conifère (adj)	зимд е екашпейсттк еп	ijne dʒalbıraktuular
à feuilles persistantes	геишл е еч шк	dajım dʒaʃıl
pommier (m)	екл е аей	alma bak
poirier (m)	еклтптс аей	almurut bak
merisier (m)	вз кер	gilas
cerisier (m)	ек це	altʃa
prunier (m)	йепе епуй	kara øryk
bouleau (m)	ей йеишң	ak kajıŋ
chêne (m)	ьл дм	emen
tilleul (m)	е ейө г епей	dʒøkø darak
tremble (m)	аеи сдлдй	baj terek
érable (m)	йк ям	klʲon
épicéa (m)	йепе йепевеи	kara karagaj
pin (m)	йепевеи	karagaj
mélèze (m)	к з рсбдммз хе	listvennitsa
sapin (m)	оз фсе	piχta
cèdre (m)	йдг п	kedr
peuplier (m)	сдлдй	terek
sorbier (m)	цдсз м	tʃetin
saule (m)	л ее у пул сек	madʒyrym tal
aune (m)	нкьфе	olʲχa
hêtre (m)	атй	buk
orme (m)	йепе е швец	kara dʒıgatʃ
frêne (m)	крдмы	jasenʲ
marronnier (m)	йеч сем	kaʃtan
magnolia (m)	л евмнк з ю	magnolija
palmier (m)	оекьл е	palʲma
cyprès (m)	йз оепз р	kiparis
palétuvier (m)	л емвпн г епеш	mangro daragı
baobab (m)	аена еа	baobab
eucalyptus (m)	ьбйекз ос	evkalipt
séquoia (m)	рдйбнию	sekvoja

143. Les arbustes

buisson (m)	аег ек	badal
arbrisseau (m)	аег ек	badal

vigne (f)	е үжүл	dʒyzym
vigne (f) (vignoble)	е үжүл г үй	dʒyzymdyk
framboise (f)	г ём йттпéи	dan kuuraj
cassis (m)	йéпé йéпéвéс	kara karagat
groseille (f) rouge	йшжшк йéпéвéс	kızıl karagat
groseille (f) verte	йпше нбмз й	krıdʒovnik
acacia (m)	éйéхз ю	akatsija
berbéris (m)	аөпγ йéпéвéс	børy karagat
jasmin (m)	е éрл з м	dʒasmin
genévrier (m)	йéпé éпцé	kara artʃa
rosier (m)	пнжé аéг éкш	roza badalı
églantier (m)	з с л тптм	it murun

144. Les fruits. Les baies

fruit (m)	лөлө-едлз ч	mømø-dʒemiʃ
fruits (m pl)	лөл ө-едлз ч	mømø-dʒemiʃ
pomme (f)	éкл é	alma
poire (f)	éкл тптс	almurut
prune (f)	йéпé өпγй	kara øryk
fraise (f)	йт к от мéи	kulpunaj
cerise (f)	éк цé	altʃa
merise (f)	вз к éр	gilas
raisin (m)	е γжγл	dʒyzym
framboise (f)	г ём йттпéи	dan kuuraj
cassis (m)	йéпé йéпéвéс	kara karagat
groseille (f) rouge	йшжшк йéпéвéс	kızıl karagat
groseille (f) verte	йпше нбмз й	krıdʒovnik
canneberge (f)	йк э йбé	klʉkva
orange (f)	éодк ьрз м	apelʲsin
mandarine (f)	л éмг éпз м	mandarin
ananas (m)	émémép	ananas
banane (f)	аéмéм	banan
datte (f)	йтпл é	kurma
citron (m)	к з л нм	limon
abricot (m)	өпγй	øryk
pêche (f)	ч éаг ééкш	ʃabdaalı
kiwi (m)	йз бз	kivi
pamplemousse (m)	впдиоу птс	grejpfrut
baie (f)	е дп е дл з ч	dʒer dʒemiʃ
baies (f pl)	е дп е дл з ч сдп	dʒer dʒemiʃter
airelle (f) rouge	аптрмз йé	brusnika
fraise (f) des bois	йшжшк вéс	kızılgat
myrtille (f)	йéпé л нэ к	kara mojʉl

145. Les fleurs. Les plantes

fleur (f)	вүк	gyl
bouquet (m)	гүрсү	deste
rose (f)	пнжё	roza
tulipe (f)	еннвёжшм	dʒoogazın
œillet (m)	вбнжгзйё	gvozdika
glaïeul (m)	вкёгзнктр	gladiolus
bleuet (m)	анснйөж	botokøz
campanule (f)	йнцвгпнн вүк	koŋguroo gyl
dent-de-lion (f)	йёёйшл-йтйтл	kaakım-kukum
marguerite (f)	пнлёчйё	romaʃka
aloès (m)	ёкнь	aloe
cactus (m)	йёйстр	kaktus
ficus (m)	узйтр	fikus
lis (m)	кзкзю	lilija
géranium (m)	вдпёмы	geranⁱ
jacinthe (f)	вэёхзмс	giatsint
mimosa (m)	лзлнжё	mimoza
jonquille (f)	мёпхзрр	nartsiss
capucine (f)	мёрстпхзю	nasturtsija
orchidée (f)	нпфзгдю	orχideja
pivoine (f)	ознм	pion
violette (f)	азмёчё	binapʃa
pensée (f)	ёкёвүк	alagyl
myosotis (m)	мджёатгйё	nezabudka
pâquerette (f)	лёпвёпзсйё	margaritka
coquelicot (m)	йшжеёкгёй	kızgaldak
chanvre (m)	мёчё	naʃa
menthe (f)	еёкашж	dʒalbız
muguet (m)	кёмгшч	landıʃ
perce-neige (f)	аёицдщдйди	bajtʃetʃekej
ortie (f)	цёкйём	tʃalkan
oseille (f)	ёсйткёй	at kulak
nénuphar (m)	целуцаёч	tʃømytʃ baʃ
fougère (f)	оёонпнсмзй	paporotnik
lichen (m)	кзчёимзй	liʃajnik
serre (f) tropicale	йумөрйёмё	kynøskana
gazon (m)	вёжнм	gazon
parterre (m) de fleurs	йктлаё	klumba
plante (f)	өрүлгүй	øsymdyk
herbe (f)	цөо	tʃøp
brin (m) d'herbe	азпсёк цөо	bir tal tʃøp

feuille (f)	е́ка́шпе́й	dʒalbırak
pétale (m)	вукгу́медждйи́цдрз	gyldyn dʒelektʃesi
tige (f)	ре́ае́й	sabak
tubercule (m)	едлзч се́лшп	dʒemiʃ tamır

| pousse (f) | ѳрлѳ | øsmø |
| épine (f) | сзйдм | tiken |

fleurir (vi)	вукгѳѳ	gyldøø
se faner (vp)	рннктт	sooluu
odeur (f)	ешс	dʒıt
couper (vt)	йдруу	kesyy
cueillir (fleurs)	ужуу	yzyy

146. Les céréales

grains (m pl)	гём	dan
céréales (f pl) (plantes)	ге́мьвзмгдпз	dan eginderi
épi (m)	ле́чей	maʃak

blé (m)	аттгеи	buudaj
seigle (m)	йепе́ аттгеи	kara buudaj
avoine (f)	рткт	sulu
millet (m)	се́птт	taruu
orge (f)	епое́	arpa

maïs (m)	еувѳпу	dʒygøry
riz (m)	йупуц	kyrytʃ
sarrasin (m)	вп дцз фе́	gretʃixa

pois (m)	мнйнс	nokot
haricot (m)	сѳѳ аттпце́й	tøø buurtʃak
soja (m)	рню	soja
lentille (f)	еёрлшй	dʒasmık
fèves (f pl)	аттпце́й	buurtʃak

LES PAYS DU MONDE. LES NATIONALITÉS

147. L'Europe de l'Ouest

Europe (f)	Европа	evropa
Union (f) européenne	Европа Биримдиги	evropa birimdigi
Autriche (f)	Австрия	avstrija
Grande-Bretagne (f)	Улуу Британия	uluu britanija
Angleterre (f)	Англия	anglija
Belgique (f)	Бельгия	belʲgija
Allemagne (f)	Германия	germanija
Pays-Bas (m)	Нидерланддар	niderlanddar
Hollande (f)	Голландия	gollandija
Grèce (f)	Греция	gretsija
Danemark (m)	Дания	danija
Irlande (f)	Ирландия	irlandija
Islande (f)	Исландия	islandija
Espagne (f)	Испания	ispanija
Italie (f)	Италия	italija
Chypre (m)	Кипр	kipr
Malte (f)	Мальта	malʲta
Norvège (f)	Норвегия	norvegija
Portugal (m)	Португалия	portugalija
Finlande (f)	Финляндия	finlʲandija
France (f)	Франция	frantsija
Suède (f)	Швеция	ʃvetsija
Suisse (f)	Швейцария	ʃvejtsarija
Écosse (f)	Шотландия	ʃotlandija
Vatican (m)	Ватикан	vatikan
Liechtenstein (m)	Лихтенштейн	liχtenʃtejn
Luxembourg (m)	Люксембург	lʉksemburg
Monaco (m)	Монако	monako

148. L'Europe Centrale et l'Europe de l'Est

Albanie (f)	Албания	albanija
Bulgarie (f)	Болгария	bolgarija
Hongrie (f)	Венгрия	vengrija
Lettonie (f)	Латвия	latvija
Lituanie (f)	Литва	litva
Pologne (f)	Польша	polʲʃa

Roumanie (f)	Румыния	rumınija
Serbie (f)	Сербия	serbija
Slovaquie (f)	Словакия	slovakija

Croatie (f)	Хорватия	χorvatija
République (f) Tchèque	Чехия	ʧeχija
Estonie (f)	Эстония	estonija

Bosnie (f)	Босния жана	bosnija ʤana
Macédoine (f)	Македония	makedonija
Slovénie (f)	Словения	slovenija
Monténégro (m)	Черногория	ʧernogorija

149. Les pays de l'ex-U.R.S.S.

| Azerbaïdjan (m) | Азербайжан | azerbajʤan |
| Arménie (f) | Армения | armenija |

Biélorussie (f)	Беларусь	belarusʲ
Géorgie (f)	Грузия	gruzija
Kazakhstan (m)	Казакстан	kazakstan
Kirghizistan (m)	Кыргызстан	kırgızstan
Moldavie (f)	Молдова	moldova

| Russie (f) | Россия | rossija |
| Ukraine (f) | Украина | ukraina |

Tadjikistan (m)	Тажикистан	taʤikistan
Turkménistan (m)	Туркмения	turkmenija
Ouzbékistan (m)	Өзбекистан	øzbekistan

150. L'Asie

Asie (f)	Азия	azija
Vietnam (m)	Вьетнам	vjetnam
Inde (f)	Индия	indija
Israël (m)	Израиль	izrailʲ

Chine (f)	Кытай	kıtaj
Liban (m)	Ливан	livan
Mongolie (f)	Монголия	mongolija

| Malaisie (f) | Малазия | malazija |
| Pakistan (m) | Пакистан | pakistan |

Arabie (f) Saoudite	Сауд Аравиясы	saud aravijası
Thaïlande (f)	Таиланд	tailand
Taïwan (m)	Тайвань	tajvanʲ
Turquie (f)	Түркия	tyrkija
Japon (m)	Япония	japonija
Afghanistan (m)	Ооганстан	ooganstan
Bangladesh (m)	Бангладеш	bangladeʃ

| Indonésie (f) | Индонезия | indonezija |
| Jordanie (f) | Иордания | iordanija |

Iraq (m)	Ирак	irak
Iran (m)	Иран	iran
Cambodge (m)	Камбожа	kambodʒa
Koweït (m)	Кувейт	kuvejt

Laos (m)	Лаос	laos
Myanmar (m)	Мьянма	mjanma
Népal (m)	Непал	nepal
Fédération (f) des Émirats Arabes Unis	Бириккен Араб Эмираттары	birikken arab emirattarı

| Syrie (f) | Сирия | sirija |
| Palestine (f) | Палестина | palestina |

| Corée (f) du Sud | Түштүк Корея | tyʃtyk koreja |
| Corée (f) du Nord | Түндүк Корея | tundyk koreja |

151. L'Amérique du Nord

Les États Unis	Америка Кошмо Штаттары	amerika koʃmo ʃtattarı
Canada (m)	Канада	kanada
Mexique (m)	Мексика	meksika

152. L'Amérique Centrale et l'Amérique du Sud

Argentine (f)	Аргентина	argentina
Brésil (m)	Бразилия	brazilija
Colombie (f)	Колумбия	kolumbija

| Cuba (f) | Куба | kuba |
| Chili (m) | Чили | tʃili |

| Bolivie (f) | Боливия | bolivija |
| Venezuela (f) | Венесуэла | venesuela |

| Paraguay (m) | Парагвай | paragvaj |
| Pérou (m) | Перу | peru |

Surinam (m)	Суринам	surinam
Uruguay (m)	Уругвай	urugvaj
Équateur (m)	Эквадор	ekvador

| Bahamas (f pl) | Багам аралдары | bagam araldarı |
| Haïti (m) | Гаити | gaiti |

République (f) Dominicaine	Доминикан Республикасы	dominikan respublikası
Panamá (m)	Панама	panama
Jamaïque (f)	Ямайка	jamajka

153. L'Afrique

Égypte (f)	Египет	egipet
Maroc (m)	Марокко	marokko
Tunisie (f)	Тунис	tunis
Ghana (m)	Гана	gana
Zanzibar (m)	Занзибар	zanzibar
Kenya (m)	Кения	kenija
Libye (f)	Ливия	livija
Madagascar (f)	Мадагаскар	madagaskar
Namibie (f)	Намибия	namibija
Sénégal (m)	Сенегал	senegal
Tanzanie (f)	Танзания	tanzanija
République (f) Sud-africaine	ТАР	tar

154. L'Australie et Océanie

Australie (f)	Австралия	avstralija
Nouvelle Zélande (f)	Жаңы Зеландия	dʒaŋı zelandija
Tasmanie (f)	Тасмания	tasmanija
Polynésie (f) Française	Француз Полинезиясы	frantsuz polinezijası

155. Les grandes villes

Amsterdam (f)	Амстердам	amsterdam
Ankara (m)	Анкара	ankara
Athènes (m)	Афина	afina
Bagdad (m)	Багдад	bagdad
Bangkok (m)	Бангкок	bangkok
Barcelone (f)	Барселона	barselona
Berlin (m)	Берлин	berlin
Beyrouth (m)	Бейрут	bejrut
Bombay (m)	Бомбей	bombej
Bonn (f)	Бонн	bonn
Bordeaux (f)	Бордо	bordo
Bratislava (m)	Братислава	bratislava
Bruxelles (f)	Брюссель	brusselʲ
Bucarest (m)	Бухарест	buχarest
Budapest (m)	Будапешт	budapeʃt
Caire (m)	Каир	kair
Calcutta (f)	Калькутта	kalʲkutta
Chicago (f)	Чикаго	tʃikago
Copenhague (f)	Копенгаген	kopengagen
Dar es-Salaam (f)	Дар-эс-Салам	dar-es-salam
Delhi (f)	Дели	deli

Dubaï (f)	Дубай	dubaj
Dublin (f)	Дублин	dublin
Düsseldorf (f)	Дюссельдорф	dʉsselʲdorf

Florence (f)	Флоренция	florentsija
Francfort (f)	Франкфурт	frankfurt
Genève (f)	Женева	dʒeneva

Hague (f)	Гаага	gaaga
Hambourg (f)	Гамбург	gamburg
Hanoï (f)	Ханой	χanoj
Havane (f)	Гавана	gavana
Helsinki (f)	Хельсинки	χelʲsinki
Hiroshima (f)	Хиросима	χirosima
Hong Kong (m)	Гонконг	gonkong

Istanbul (f)	Стамбул	stambul
Jérusalem (f)	Иерусалим	ierusalim
Kiev (f)	Киев	kiev
Kuala Lumpur (f)	Куала-Лумпур	kuala-lumpur
Lisbonne (f)	Лиссабон	lissabon
Londres (m)	Лондон	london
Los Angeles (f)	Лос-Анджелес	los-andʒeles
Lyon (f)	Лион	lion

Madrid (f)	Мадрид	madrid
Marseille (f)	Марсель	marselʲ
Mexico (f)	Мехико	meχiko
Miami (f)	Майями	majami
Montréal (f)	Монреаль	monrealʲ
Moscou (f)	Москва	moskva
Munich (f)	Мюнхен	mʉnχen

Nairobi (f)	Найроби	najrobi
Naples (f)	Неаполь	neapolʲ
New York (f)	Нью-Йорк	njʉ-jork
Nice (f)	Ницца	nitstsa
Oslo (m)	Осло	oslo
Ottawa (m)	Оттава	ottava

Paris (m)	Париж	paridʒ
Pékin (m)	Пекин	pekin
Prague (m)	Прага	praga
Rio de Janeiro (m)	Рио-де-Жанейро	rio-de-dʒanejro
Rome (f)	Рим	rim

Saint-Pétersbourg (m)	Санкт-Петербург	sankt-peterburg
Séoul (m)	Сеул	seul
Shanghai (m)	Шанхай	ʃanχaj
Sidney (m)	Сидней	sidnej
Singapour (f)	Сингапур	singapur
Stockholm (m)	Стокгольм	stokgolʲm

Taipei (m)	Тайпей	tajpej
Tokyo (m)	Токио	tokio
Toronto (m)	Торонто	toronto

Varsovie (f)	Варшава	varʃava
Venise (f)	Венеция	venetsija
Vienne (f)	Вена	vena
Washington (f)	Вашингтон	waʃington

www.ingramcontent.com/pod-product-compliance
Lightning Source LLC
Chambersburg PA
CBHW070601050426
42450CB00011B/2935